L'École du Manguier

Paulette ABBADIE-DOUCE

L' ÉCOLE DU MANGUIER

un pari, une réussite au Burkina Faso

Préface de Jack Lang

Postface d'Alimata Salambéré

Éditions l'Harmattan
5-7, rue de l'École Polytechnique
75005 Paris

AGIR *abcd* est une association à but non lucratif qui regroupe des retraités et préretraités désireux de mettre l'expérience de leur carrière professionnelle au service de ceux qui en ont besoin dans le monde.

AGIR *abcd* intervient dans les pays en développement, en Europe Centrale et Orientale, mais aussi en France. Ces actions s'effectuent dans le cadre d'associations humanitaires, d'insertion sociale ou professionnelle et touchent tous les secteurs d'activité. En France, AGIR *abcd* compte 62 délégations régionales. Si vous souhaitez mieux connaître cette association, aider ou participer à ses actions, renseignez-vous auprès du siège national :

Association Générale des Intervenants Retraités
8 rue Ambroise Thomas, 75 009 Paris Tél. (1) 47 70 18 90
Adresse postale : B.P. 41, 75 340 Paris Cedex 09

Recevez la troupe **SAABA**

"Palabres, Danses et Percussions"

du Burkina Faso

Depuis 10 ans, la troupe SAABA a présenté plus de 1000 spectacles dans toute l'Europe pour autofinancer le Centre de formation initiale et permanente BENEBNOOMA de Koudougou au Burkina Faso. Spectacle tous publics, animations dans les écoles... Pour tous renseignements, contactez :

Service International de la Ligue de l'Enseignement
3 rue Récamier, 75 341 Paris Cedex 07
Tél. (1) 43 58 97 97 Fax. (1) 43 58 97 88

2e édition corrigée

© L'Harmattan, 1995
ISBN : 2-7384-2351-5

A mes enfants,

A mes petits-enfants, si proches de moi

dans l'action que j'ai menée...

Ce livre est écrit en hommage

à **Koudbi Koala**
pour la réussite exemplaire
de son pari audacieux

à tous mes amis d'Afrique

Toute ma reconnaissance et mes remerciements vont à :

- l'Association AGIR sous l'égide de laquelle je suis partie et qui m'a apporté, avec une amitié sans faille, aide et encouragements ;

- l'Association EASBK, la Fédération des Oeuvres Laïques de la Vienne, Gilles, Jocelyne et Gérard Ploquin, ainsi que tous les amis européens qui m'ont soutenue tout au long de cette extraordinaire aventure ;

- Monsieur Pierre Lataillade, maire d'Arcachon, et sa municipalité pour leur soutien constant ;

- Patricia, Jean-Gabriel et Philippe qui m'ont offert leur temps et leur compétence pour la mise en page de ce livre;

- Madame Geneviève Chambert-Loir qui a effectué les corrections nécessaires en vue de la seconde édition de cet ouvrage.

- *Photos :*   Serge Mercier, Association Lafi Bala, Marseille
              Liè024ve Van Winkel - Paulette Abbadie-Douce.

- *Illustrations :*   réalisées par les élèves du centre Benebnooma et reprises des journaux scolaires.

Préface de Jack Lang

Merci, Madame, de nous avoir fait connaître les femmes et les hommes du Burkina Faso.

Que l'intelligence, la gentillesse, le sens de l'hospitalité qui les caractérisent et que vous décrivez si bien, soient l'offrande de ceux qui ont si peu à ceux qui ont déjà tout.

Merci, par votre exemple personnel, de nous avoir montré, dans des conditions si difficiles, combien le don de soi peut être rendu au centuple.

Benebnooma sera ainsi, à jamais, le lieu de votre épanouissement en même temps que celui où des enfants ont appris et continueront d'apprendre.

Merci d'avoir su comprendre l'Ame des peuples d'Afrique.

Jack Lang

Sahara
dunes d'Oursi
Peul
Gorom-Gorom
Mali
Niger
Peul
Mossi
Yako
vers Niamey
Mossi
Koudougou
Ouagadougou
Sabou
Gourounsi
Bobo-Dioulasso
Bénin
Togo
Ghana
vers Abidjan
Côte d'Ivoire
Koudougou-Ouagadougou = 100 Km
Mossi, Gourounsi, Peul : 3 ethnies du Burkina-Faso

5
6
Dakar
7
Niamey
4
3
2
1
Lomé
1 Bénin
2 Togo
3 Ghana
4 Côte-d'Ivoire
5 Mali
6 Niger
7 Sénégal

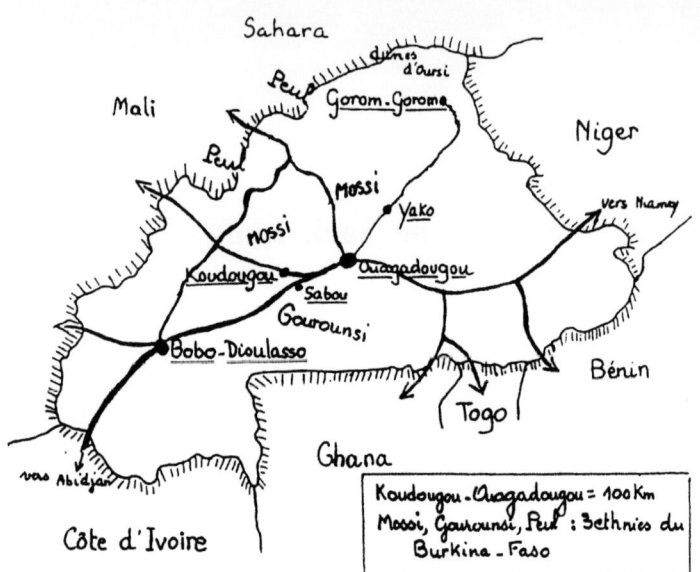

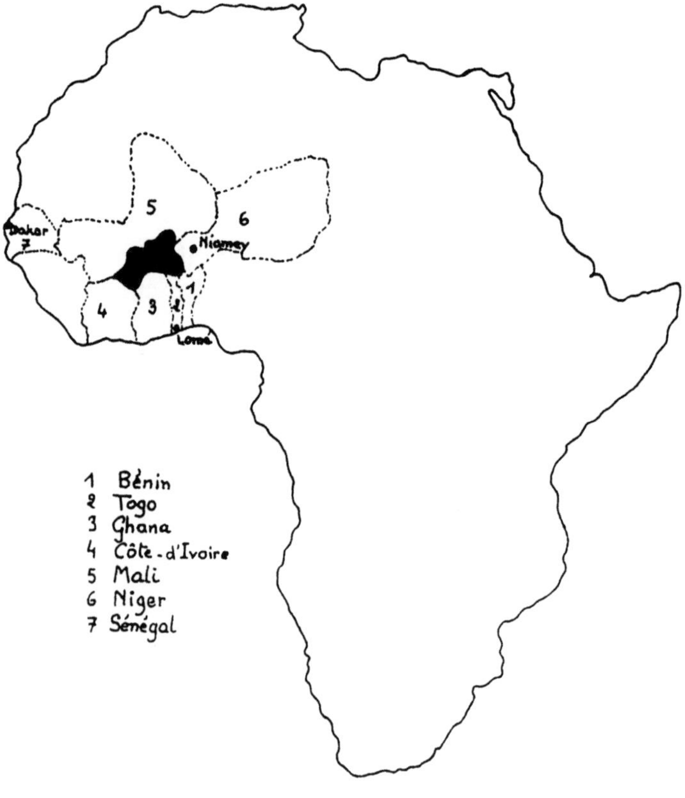

INTRODUCTION

Ouagadougou, décembre 1986. La chaleur commence à monter dans mon petit bureau du Point-Gorom. Depuis deux mois bientôt, j'assume au prix de mille difficultés la liaison entre Ouagadougou, la capitale, et le centre agro-écologique créé à l'initiative de la compagnie aérienne le Point-Mulhouse à Gorom-Gorom, bourgade située dans le Sahel, ancien pénitencier à la frontière du Sahara.

Un coup d'oeil sur la haie qui borde la route pour apercevoir cette brume de poussière ocre que je connais trop bien et qui m'ôte toute envie de sortir de l'oasis de verdure où je me trouve. Le bruit familier du gros lézard qui martèle le mur de ses petits sabots derrière la grande photo du centre agro-écologique ne m'émeut plus à présent...

Ce matin à six heures, avec Ibrahim, le jeune et sympathique ingénieur agronome, nous avons embarqué une vingtaine de paysans, venus à pied d'un village voisin, en partance pour Gorom-Gorom dans une bétaillère prêtée par le Ministère de l'Agriculture. Là-bas, ils vont apprendre pendant une dizaine de jours, à fabriquer un compost écologique, sous la conduite de Pierre Rabhi, pour assurer la régénération de leurs sols dont l'humus a disparu. Noble tâche entreprise par ce petit homme d'origine kabyle, paysan ardéchois qui tente de faire retrouver à ce coin désertifié de France une auto-suffisance alimentaire, seul gage de la dignité humaine. Je vois ces visages fatigués, ces vêtements de misère, ces petits bagages réduits à un pagne noué aux quatre coins... Ces gens assis sur des matelas de mousse, le seul confort que nous ayons à leur offrir. Ils nous remercient pourtant chaleureusement d'avoir été choisis.

On a refermé sur eux la lourde porte arrière avec la barre de fer. Il ne verront de ces dix heures de trajet qu'un ciel immuablement bleu, quelques branches d'énormes baobabs ou d'acacias-albizias géants. Ils subiront également les terribles secousses de ces pistes défoncées. Ils ne pourront qu'essuyer d'un revers de main la poussière qui pique les yeux et dont ils seront caparaçonnés à l'arrivée.

Et je vis en pensée ces dix heures de piste, découverte deux mois plus tôt, au cours d'un périple de cahots et de poussière dans le 4x4 du Point-Mulhouse. L'Afrique. Ses petits villages de cases rondes qui ne me semblaient pas encore réels, ses véhicules surchargés de passagers et de marchandises que l'on croisait dans un nuage suffocant, ses enfants demi-nus qui nous entouraient aux arrêts. Et à mesure que l'on avançait, l'annonce terrible de la désertification, les squelettes d'arbres, les villages de boue séchée, un soleil de plomb, une végétation épineuse, des troupeaux errants de chèvres... Puis, des visions soudaines de femmes en marche, se profilant sur ces immensités, portant sur la tête je ne sais quoi, se rendant on ne sait où... ? Je ressens encore le choc de la découverte d'une civilisation d'un autre âge, à laquelle je n'aurais jamais cru si je ne l'avais vue... Enfin l'arrivée, fourbus et crasseux, au soleil couchant dont la lumière dorait les murs du campement hôtelier et du centre agro-écologique, plantés là dans ce désert face au Rocher Sacré, monticule de quartz blanc qui émerge au milieu du Sahel. Puis vint la rencontre inoubliable avec Pierre Rabhi.

Mais la sonnerie du radio-téléphone me ramène à la réalité du moment. Sur un fond de radio périphérique qui brouille la ligne, j'essaie une fois encore, de comprendre ce que me demande Bernard, le responsable du campement hôtelier. Et je note ce que je peux glaner au hasard : - *"confitures, haricots verts, fruits... râteaux pour le centre... je n'entends plus... Bernard, crie plus fort !... je rappellerai..."* Je raccroche, épuisée par ces conversations de sourds.

Devant ma porte, dans la grande allée de la propriété, reprend le va-et-vient incessant des voyageurs européens venus réserver leurs places d'avion dans les bureaux de la compagnie du Point-Air. Le bonjour amical du petit vendeur de balafons, le xylophone africain, me réchauffe le coeur comme chaque matin. Et la matinée au Point-Gorom commence, toujours chargée d'imprévus : attente de visites, renseignements à fournir sur le centre agro-écologique, télex à recevoir, Organisation Non Gouvernementale à contacter... un travail que l'on m'a offert d'accomplir bénévolement, que j'ai accepté parce qu'il concrétisait pour moi un désir profond de donner un sens à ma retraite. Un travail qui me dépasse pourtant un peu dans sa complexité et son rythme infernal.

Et tandis que mon esprit s'évade, comme il le fait si souvent, vers ce Sahel où l'on dormait dehors sous des ciels extraordinairement purs, vers ce Gorom-Gorom où j'ai vécu quinze jours si riches, où j'ai laissé Pierre et son équipe, et pour lesquels je travaille ici... Sita, une jeune employée du Point-Air rentre et coupe ma rêverie. J'aime bien Sita. Elle m'a offert son amitié le premier jour. Elle vient souvent bavarder avec moi, s'extasie toujours devant la photo de ma fille qu'elle trouve si belle... Lorsqu'elle me voit stressée, elle m'apprend à vivre au rythme africain avec douceur et gentillesse : - "*Paulette, tu es trop pressée*", me répète-t-elle, "*il faut laisser aux choses le temps de se faire !...*" Sita me dit dans un sourire : - "*Paulette, dans le bureau du Point-Air, il y a un monsieur qui voudrait faire ta connaissance. Il a su que tu étais institutrice, c'est un collègue africain, peut-il venir ?*"... - "*Un instituteur africain ! Mais bien sûr, avec plaisir !*"

Une grande silhouette se profile à l'entrée, un sourire franc, une poignée de main chaleureuse et le jeune instituteur africain et l'institutrice française à la retraite bavardent déjà comme deux vieux amis : - "*... J'aurais pu continuer à enseigner l'anglais comme mes diplômes m'y prédisposaient. Mais je n'ai pas voulu, et j'ai décidé de fonder une école, dans le village où je suis né, pour tous les enfants non scolarisés ou renvoyés du système scolaire...*" Et je découvre avec lui la misère des écoles du Burkina Faso, les quatre-vingts pour cent d'enfants non scolarisés, la délinquance contre laquelle il faut lutter...

- "*Mon école, elle commence difficilement. Le gouvernement m'a donné l'autorisation, mais ne peut m'aider financièrement. J'ai réussi à me faire attribuer quatre hectares de terrain, nus, brûlés de soleil. Les parents d'élèves y ont construit trois classes-paillotes. J'ai des moniteurs pleins de bonne volonté et un ami français, Yvon, qui me seconde. Mais il faut de l'argent pour la faire tourner...*" Et il me raconte la façon originale dont il s'en procure :

- "*J'aime la musique, le chant et les percussions. Au village, on danse beaucoup ; ma mère chantait et m'emmenait partout sur son dos avec elle. J'ai créé, avec les enfants, un groupe qui se débrouille bien, la troupe Saaba, et j'ai eu l'idée il y a trois ans maintenant de faire des tournées en France avec eux. Cela a été dur au début. Nous sommes partis à trois. Nous nous sommes présentés timidement dans des campings, des écoles... Les amis de la Vienne ont été fantastiques... Près d'Angoulême, ils ont même créé une association pour soutenir mon projet. A présent, ça va mieux ; la Fédération des Oeuvres Laïques de la Vienne coordonne la tournée. Je pleure souvent quand je vois les écoles françaises et que je les compare à la mienne... On a commencé sous les manguiers, vous savez. Comment refuser l'éducation même si on n'a pas de toit ? Mais ça ira... Cette année nous partons à huit, et je suis ici pour essayer de négocier le prix de nos billets, car nous devons payer les voyages sur l'argent de nos tournées."*

Je reste très émue par la noblesse du projet, la façon si directe dont il est exposé, la détermination que je sens dans cet Africain qui se penche sur les plus déshérités de son pays, son pays que je découvre, au fil des jours, si démuni de tout ! J'ai presque honte de ne pouvoir lui apporter que mes encouragements et mes félicitations quand le téléphone sonne. Deux personnes attendent aussi à la porte pour s'entretenir avec moi. Accaparée par le projet dans lequel je me débats, je ne peux l'aider, mais d'autres peuvent le faire et je lui remets un dossier de l'association de retraités, AGIR, dont je fais partie. Je l'avais glissé dans mes bagages, à tout hasard. Je lui recommande de ne pas hésiter à solliciter leur aide en cas de besoin.

Il faut se séparer, les poignées de mains sont chaleureuses.
- *"Je m'appelle Koudbi Koala, peut-être nous rencontrerons-nous à nouveau ?"* Sur ces paroles d'espoir, on se quitte après une rencontre qui a profondément marqué mon coeur d'enseignante.

Noël approche, mon premier Noël au soleil, en Afrique. Je me réjouis des quelques jours de repos que je vais passer à Gorom-Gorom, auprès de Pierre, d'Anne et de tous les amis. Ibrahim me remplacera ici, pendant mon absence. Le campement hôtelier fait le plein en cette période de l'année où les Français désireux d'allier le plaisir de passer un Noël au Sahel et celui de découvrir les méthodes de culture agro-écologiques mises au point par Pierre Rabhi sur ces terres en péril. C'est le moment où les caisses se remplissent pour assurer la gratuité des stages des paysans burkinabè qui s'y succèdent jusqu'en mars. Après cette date, la chaleur y est insupportable.

Le radio-téléphone fonctionne sans arrêt pour les réservations. J'apprends ainsi qu'il faut prévoir le coucher et les repas de vingt-cinq musiciens et danseurs, le groupe Saaba de Koudougou, qui viendront donner une représentation pendant les vacances de Noël. Les Saaba, Koudbi Koala, l'école qui me fait rêver depuis la découverte de ce projet si généreux ! J'ai hâte de faire connaissance avec cette jeune troupe, dans un cadre qui m'est cher.

Hélas ! je n'aurai pas cette joie. Je dois reprendre mon travail le lundi matin et les dix heures de piste pour rejoindre la capitale m'obligent à partir le dimanche. Tandis que le 4x4 s'éloigne du campement dans l'émotion de la séparation, sur cette terre désertique, un petit convoi arrive... nos chemins se croisent... un rendez-vous manqué... une tristesse au coeur...

*

Mai 1987. Les mois ont passé. J'ai quitté Ouagadougou au déclin du Point-Mulhouse, à la fermeture du centre agro-écologique, par une chaude nuit africaine. Sur la piste de l'aéroport désert, j'ai assisté à l'embarquement pour la France de trente-six tonnes de haricots verts dans un avion-cargo avant de rejoindre les deux pilotes nigérians dans la cabine de pilotage... Je suis allée retrouver la fraîcheur et la verdure chez mes enfants, dans la beauté sauvage de l'Ecosse.

Nul projet en moi, nul désir, je jouis tout simplement d'un repos salutaire et de l'affection dont on m'entoure, revivant à l'envi mes riches expériences et extraordinaires découvertes au travers de notes, de photos, de souvenirs... D'étranges images se chevauchent spontanément. Au supermarché, sous les néons, je revois un marché misérable, coloré, écrasé de soleil... une sortie d'école dans l'austérité des uniformes de la très traditionnelle Ecosse, et voici les enfants demi-nus aux yeux si vifs, rencontrés dans ces villages du bout du monde... devant la splendeur des pelouses et la luxuriance des jardins dans ce pays où l'humidité est reine, j'ai des visions de steppes désertiques et d'étranges baobabs sans feuilles qui semblent pousser leurs racines tendues vers le ciel...

Dans la quiétude de ces jours de repos, une petite enveloppe blanche est venue réveiller en moi l'étincelle qui sommeillait : Anne, cette amie si douce découverte au Sahel, m'annonce la venue de la troupe Saaba dans sa région. Elle recevra musiciens et danseurs chez elle pendant la durée de la tournée et m'invite à partager ces journées africaines dans sa ferme de la Drôme. Comment résister à ce partage qu'Anne m'offre avec toute sa délicatesse et sa sensibilité qui m'ont tant réconfortée dans mes heures difficiles africaines ? Comment refuser cette rencontre qui n'a pu encore se faire ?

Je quitte mes enfants, qui se réjouissent toujours de la réalisation de mes projets et découvre cette région de la Drôme, qui fleure déjà la Provence. Les premiers contreforts du Vercors en bordure de la propriété sont une invitation permanente à la découverte de sites plus grandioses. Le pays est superbe. La grande maison d'Anne, carrée et solide, aux boiseries chaudes, est à l'image de sa personnalité attachante : elle invite aux rencontres. Je m'y sens bien.

Par une belle matinée, une petite fourgonnette rouge fait son entrée dans la cour, conduite par Koudbi qui m'a reconnue du premier coup d'oeil. Surprise et joie mêlées... Il n'a pas oublié lui non plus notre rencontre. La jeune troupe descend, garçons et filles, tandis que la petite Pélagie, quatre ans, me donne la main, toute souriante. - "*Pourquoi ce véhicule de location ?*" Koudbi raconte : - "*Nous arrivons de Lorraine, et là-bas, sur une route perdue, Athanase, assis près de moi, a senti une odeur de brûlé. Nous avons juste eu le temps de sauter, de tirer au-dehors les instruments, la petite Pélagie endormie, de vite nous éloigner devant une fumée suspecte et le fourgon explosait comme un feu d'artifice.*"

Instinctivement, je serre très fort la petite Pélagie contre moi. - "*C'est fini à présent, tout le monde est en vie, le matériel est sauvé, ça ira... Xavier Gaillon, le responsable de la tournée à Poitiers, est au courant. Il m'a dit de louer une camionnette. Il vient de lancer une souscription auprès de tous nos amis français pour nous aider à l'achat d'un autre fourgon. Les profits de la tournée seront réduits cette année, la location coûte cher, mais on se débrouillera...*" Ni regrets, ni apitoiements excessifs, c'est l'Afrique.

Je suis surprise, au fil des jours, de la facilité avec laquelle tous ces jeunes expatriés s'adaptent à notre vie, collaborent à toutes les tâches ménagères, s'isolant quand ils le peuvent, avec plaisir, pour discuter dans leur langue maternelle, se pliant de bonne grâce aux horaires stricts des tournées. Je suis surprise aussi de l'attitude très libérale de Koudbi à leur égard : une obéissance librement consentie, un respect de chacun, jamais de rappels à l'ordre, une prise de conscience collective. Ces jeunes savent ce qu'ils représentent pour leur école : ils en sont les troubadours...

Autour de la table, face à la maison dont les pierres se marient harmonieusement à la forêt de roses trémières, nous bavardons, détendus, sous l'énorme plaqueminier au tronc noir qui s'ouvre en éventail à six branches et nous ombrage généreusement dans la chaude après-midi. Les jeunes, égaillés dans la propriété, dorment, repos bienfaisant après un coucher tardif : le spectacle du soir a été un franc succès, et tard dans la nuit, la salle entière a vibré aux rythmes africains. Koudbi choisit ce moment pour aborder avec moi un sujet qui lui tient à coeur : - "*Vous savez, j'ai souvent pensé à notre conversation de Ouagadougou, et je voudrais vous parler d'un projet que j'ai à l'esprit depuis notre rencontre. Pourquoi ne pas venir vous-même nous aider dans mon école, par l'intermédiaire de votre association ? Le niveau général et pédagogique de mes moniteurs a bien besoin d'être relevé, vous vous en chargeriez et puis... vous me feriez un peu de gestion, je n'aime pas beaucoup cela et vous me rendriez service.*" Le mot *gestion* me fait frémir et les souvenirs douloureux de la comptabilité du Point-Mulhouse resurgissent. - "*De la gestion ? Jamais. J'ai trop souffert à Ouagadougou !*" Ma réponse le fait rire. - "*J'aime votre franchise ! Alors, ne parlons plus de gestion, mais ma proposition reste entière pour la pédagogie et l'enseignement général... Réfléchissez et prenez votre temps pour me donner une réponse.*"

Moi qui me suis battue depuis si longtemps, pour me rendre utile dans un de ces pays du Tiers-Monde où les besoins sont si grands, ne me décourageant jamais d'un refus, repartant à l'assaut dans une autre direction, voilà que l'on m'offre à *domicile* un poste dans mon domaine, l'enseignement, et cela me laisse sans réponse !

Il est vrai que depuis mon retour de Ouagadougou, tout entière à me remettre d'une grande fatigue et à me laisser choyer par les miens, je n'ai fait aucun nouveau projet. Je n'ai pas encore envisagé de suite à cette expérience éprouvante. Et me revient à l'esprit cette phrase que m'écrivait un ami, à mon retour : - *"C'est un beau début, car ce n'est pas un retour mais une continuation, un prolongement qui s'ouvre aujourd'hui à vous."* Voilà cette continuation, offerte, sans la rechercher.

Quelques jours plus tard, avant que la troupe ne reprenne la route, j'annonce à Koudbi mon acceptation sans réserve, mûrement réfléchie. Avec un grand sourire il me répond : - *"Je savais que tu accepterais. Désormais tu fais partie de la grande famille de Benebnooma !"*

Le tutoiement me va droit au coeur, et devant mon ignorance de ce mot africain : - *"Benebnooma ? C'est le nom que j'ai donné à mon école, c'était le prénom de ma mère, morte quand j'avais quatre ans. Comme tous les prénoms africains, il a une signification particulière et Benebnooma veut dire ...Comme on est bien ensemble !"*

Je suis tout à fait conquise et je reprendrai, en octobre, ma valise pour le Burkina Faso et Benebnooma.

*

* *

BENEBNOOMA

Haute-Volta, vers 1949

Quartier Burkina de Koudougou

Province du Bulkiemdè

En village Mossi...

CHAPITRE 1

Le disque pâle du soleil s'élève ce matin dans un ciel étrangement jaune, alors que s'égrène l'appel quotidien du muezzin en haut du minaret, que le bruit sourd des pilons dans les mortiers annonce le début du travail millénaire de l'Africaine pour la survie des siens.

La lumière jaune éclaire timidement les *concessions* de terre, ces cours fermées regroupant les habitations de chaque famille. Les premières silhouettes, vieux aux bonnets de laine, femmes enroulées dans les pagnes jusqu'à la tête se devinent à peine dans la poussière que soulève l'*harmattan*, implacable. Le Sahara qui avance inexorablement dans le nord du pays envoie à ces populations déjà si éprouvées ce vent de sable qui durera selon son gré. Veut-il qu'elles gardent présente à l'esprit, aujourd'hui particulièrement, cette menace permanente qui s'ajoute à tant d'autres misères ?

Dure journée qui s'annonce ! Ce fléau, impossible à maîtriser, ocre la végétation et va prendre des dimensions angoissantes. La lumière qui se précise avec la montée de l'astre blême renforce ce jaune inquiétant qui baigne toute chose.

Taramignandè a quitté tôt sa concession ce matin. Le pagne remonté jusqu'aux yeux qui pleurent et piquent, elle a longé la petite forge paillée où la flamme était basse malgré le *séco*, écran fait de tiges de mil séchées et tressées. La marche rythmée par le martèlement du fer, elle peine pour maintenir en équilibre la marmite pourtant bien calée sur sa tête et garder le magnifique balancement de son corps cambré de femme africaine.

Vlan ! Son pied nu heurte violemment une mangue verte que l'harmattan, dans sa folie dévastatrice, vient d'arracher à sa branche. Elle presse le pas, entre dans la cour de Nobila, longe les greniers à mil alignés sous les manguiers bruissants.

Elle s'engouffre par la porte tôlée dans la case où Benebnooma, allongée sur sa natte, l'attend. Non, elle n'arrive pas trop tard ! Les enfants, auprès d'elle, l'attendent eux aussi dans le bruit infernal de ce vent fou qui ébranle les tôles mal jointes du toit. Rien ne s'est encore produit. Benebnooma, calme, reposée, soutient de ses deux mains son ventre lourd, plein d'une vie impatiente de se libérer.

Voilà qui la rassure. La marmite de bouillie de mil, le *tô*, reste de la veille, est aussitôt posée à terre. Les petites mains avides s'empressent de la vider, confectionnant des boulettes moulées entre les doigts experts, fruit d'une habitude qui se perd dans la nuit des temps. Benebnooma elle aussi, alanguie sur sa couche, partage ce frugal repas du matin.

Nobila, un bonnet de laine enfoncé jusqu'à la ligne de ses yeux pétillants et rieurs entre à son tour, ivre de vent... - "*Barka, poussa barka*" - merci, merci beaucoup - et une longue palabre en langue *mooré* s'ensuit, pour remercier Taramignandè, femme de son grand frère, de sa présence et de son réconfort. Alors seulement, elle repartira vers les siens, vers sa cour bruyante d'enfants, rassurée sur Benebnooma chère à tous.

En dépit de tout, le village suivra son rythme quotidien... le vent ne peut suspendre la vie, il en fait partie. Seules les visions familières se noieront dans une brume ocrée, les visages disparaîtront sous un chèche improvisé, touaregs d'un jour. Seuls les bruits de la vie seront emportés dans la tourmente infernale.

Dans la soirée, à l'heure où le soleil décline, comme souvent sous les tropiques, une chape de silence succède brusquement à la folie du vent : les manguiers se taisent, les contours s'affirment, les fumées montent soudain tout droit des cours où l'on prépare le repas du soir. On perçoit à présent les grognements fouineurs des cochons en vadrouille et le craquement des pailles de mil sous le piétinement des chèvres vagabondes. Le jaune oppressant du ciel a fait place à des franges de rose qui annoncent déjà le coucher du soleil et un mince croissant de lune horizontal laisse prévoir la nuit proche.

Alors, le village africain, dans cette paix revenue, reprend ses rites du soir. Il faut gagner le repas de demain.

Dehors, devant les concessions, de ci, de là, entre deux pierres, de maigres feux s'allument et des odeurs de friture chatouillent les narines. Sur une souche, une pierre, les femmes, toujours elles, tournent dans l'huile bouillante galettes de sésame, beignets de haricots, poissons frits du marigot pour des clients de passage qui emportent leur part, dans quelque page d'un vieux livre déchiré.

Malgré son ventre pesant, Benebnooma s'est installée, elle aussi, sur une large pierre. Avec dextérité, elle empile près d'elle les beignets dorés qui ont grésillé dans la friture. Son beau visage éclairé par la flamme traduit toute la fatigue d'une grossesse qui n'en finit pas et qui ne la ménage pas... Les petites pièces des pauvres s'entassent sur le chiffon, à même le sol. Elle pourra, demain, améliorer la sauce de légumes, le *gombo,* d'un peu de viande, et le tô sera meilleur...

"*Pétrole ! Pétrole !*" Deux voix d'enfants se précisent non loin d'elle et des concessions arrivent alors hommes, femmes, enfants, lampe-tempête en main pour y remplir leur ration de misère, qui pourra éclairer les derniers travaux du soir !

"*Wa ka !*" - *viens ici* - lance Benebnooma à l'adresse de ses deux fils. Posant le bidon à terre, les yeux brillants de plaisir et de gourmandise, ils se régalent de quelques beignets dorés tendus par leur mère. Ils reprendront ensuite la route, réconfortés, jusqu'à épuisement du combustible et Benebnooma pourra ce soir, nouer, satisfaite et fière, les quatre coins de son chiffon où ses pièces se mêleront à celles de ses fils. Déjà, l'ombre a envahi le village.

Les étoiles ont pointé çà et là. La clarté pâle du mince croissant de lune s'est peu à peu affirmée et laisse deviner quelques ombres qui s'agitent encore. Nuit totale, nuit profonde, aucune lumière d'homme n'est venue remplacer celle qui se lèvera, dès l'aube, doucement, pour faire revivre cette terre assoiffée.

Benebnooma a regagné sa cour. Les gestes sont lents, la démarche pesante. Néanmoins, elle sait que la délivrance est proche, et, à la lueur de la lampe-tempête qui brûle ses dernières réserves, elle vérifie bien que les boules de *soumbala* qu'elle n'a pu mettre au soleil aujourd'hui sont prêtes pour demain. L'intensité des étoiles dans le ciel pur l'assure qu'il brillera fort dès six heures, au réveil.

La semaine passée, elle est partie en brousse avec Taramignandè ramasser des graines sur les *nérés*, ces arbres familiers de la savane où s'ébattent les oiseaux. Elles les ont cuites, lavées, pilées, mises à fermenter deux à trois jours dans une urne de terre cuite fermée, le *canari*.

L'odeur nauséabonde lui a souvent soulevé le coeur, mais elle sait que les jeunes accouchées doivent obéir à des rites ancestraux, et si son esprit frondeur de femme de caractère s'y refuse, elle sait aussi qu'elle ne pourra y échapper. La conversation avec ses co-épouses pendant la confection des boulettes portait, évidemment, sur la santé vite retrouvée grâce à cette soupe de soumbala dont elle appréhende les terribles effets. La cuvette de beurre de noix de *karité* est prête elle aussi... la lampe-tempête a fini de brûler, l'ombre est totale dans la case, elle s'étend sur sa natte. Les yeux grands ouverts, les mains sur ce ventre où elle sent avec une émotion toujours renouvelée à chaque grossesse la vie qui bouge en elle, ses angoisses de femme d'Afrique la reprennent alors - "*Vivra-t-il celui-ci ? La terrible rougeole l'épargnera-t-il ?... Trouverai-je le médicament qui le sauvera ?*"

Mais non, ce soir elle se sent forte, la vitalité de ce qui bouge sous ses doigts est extrême. Celui-ci, elle le veut beau, fort, aimant la vie, à son image. Il le sera... puisqu'elle le désire. Et elle s'endort, confiante et détendue.

Vers cinq heures, la nuit devient laiteuse, les étoiles pâlissent dans un ciel pur où toute trace d'harmattan a disparu, et Taramignandè refait en courant le chemin de la veille. Nobila est venu l'avertir que Benebnooma commençait à souffrir. Elle a la confiance de tout le village et une naissance lui procure toujours la même émotion. Et puis, son caractère fort s'harmonise si bien avec celui de Benebnooma. Une grande amitié les lie. Leurs sourires se rencontrent dès qu'elle ouvre la porte et une vague de réconfort parcourt la jeune femme.

Les co-épouses sont là aussi, qui se soutiennent toujours dans l'épreuve. Nopoko, près de la porte, alimente le feu de bois entre les trois pierres du foyer, sous une grande bassine d'eau chaude. Wuogo plie les pagnes dont on aura besoin. L'enfant viendra très vite. Taramignandè saura trouver les gestes qui apaisent, masser ce ventre tendu à l'extrême, sentir et guider ce jeune corps vers une expulsion rapide dans un grand cri de douleur et d'amour de la mère, un grand cri libérateur du nouveau-né qui gît entre ses cuisses. Avec adresse, la lame de rasoir coupera le cordon. Sur le ventre de Benebnooma, l'enfant crépu et la mère auront ce premier contact étrange, éternel, puissant, universel qui les lie à jamais.

Alors elle soulève ce fils à la peau claire à hauteur de son visage pour en emplir sa vue et découvre avec bonheur ces larges taches brunes sous le cou, aux aisselles, qui feront de lui, dans quelques jours, un beau bébé d'ébène, de race mossi, race fière de ses ancêtres.

Mais très tendrement, Taramignandè est obligée de briser là cette contemplation. Entre ses mains expertes, elle lave le corps huileux dans la calebasse d'eau chaude que Nopoko vient de poser à terre. Essuyé, enveloppé d'un pagne, Koudbi se love au côté de sa mère et sa bouche goulue s'accroche au sein durci.

Nobila caresse avec fierté la petite tête laineuse et remercie Taramignandè pour l'enfant qui est bien venu et la mère qui a bien supporté. Un enfant de plus, c'est la richesse de l'Afrique, c'est le respect à son propre égard. Des enfants, il y en a beaucoup dans la cour, beaucoup de bouches à nourrir, c'est vrai, mais il y a aussi beaucoup d'entraide et de partage. Ses trois co-épouses l'ont comblé. Combien d'enfants a-t-il? Jamais un Africain ne le lui a demandé. Sur ce continent étrangement fier ne dit-on pas - "*l'on ne compte pas les enfants comme on compte les animaux !*"

Dehors, le soleil déjà haut et chaud brille dans un ciel aujourd'hui purifié, les boules de soumbala ont eu vite fait de sécher et l'eau bout dans la marmite où Wuogo les plonge. Le piment écrasé sous les coups des pilons épicera très fort cette soupe des accouchées, à l'odeur infecte, que Benebnooma redoute parce qu'elle bouleversera ses entrailles. Mais elle sait que la diarrhée bienfaisante est nécessaire pour purifier le ventre. Elle sait aussi que Taramignandè lui présentera une pleine calebasse d'eau chaude qu'elle boira, écoeurée mais résignée pour laver et nettoyer le corps. Afrique, terre de croyances, de traditions qui se perpétuent. Qui oserait braver ce que les vieux, dans leur grande sagesse, enseignent depuis des millénaires ?

Très vite, la nouvelle a couru de bouche à oreille - "*Nobila a un fils !*" Les travaux ont cessé dans toutes les concessions. La joie de chacun, comme la tristesse, doit être partagée par tous. La grande famille au complet va entourer Benebnooma et se réjouir avec elle qu'un beau bébé robuste soit arrivé si vite, si bien, pour la mère et l'enfant. Le défilé coloré des pagnes envahira la case jusqu'au soir où Benebnooma enfin seule, fatiguée, passera cette première nuit en communion avec son Koudbi tout neuf.

*

Quelques années plus tard, lorsque Nobila songera que cet enfant, non baptisé selon les règles catholiques, ignoré donc de la mission française et des hommes blancs qui règnent sur le pays, devrait être inscrit sur le registre de l'Etat Civil, l'employé de mairie réfléchira avec lui et notera : KOALA Koudbi, né... vers 1949.

*

* *

CHAPITRE II

Benebnooma s'étire et bâille. Le beau bébé Koudbi dort sous son pagne à côté d'elle. Avec d'infinies précautions pour ne pas le réveiller, elle se lève et ouvre doucement la porte. La lumière crue d'un soleil déjà haut lui fait cligner les yeux.

Une bouffée de joie l'envahit, un hymne à cette vie qu'elle aime tant monte en elle et éclate en une mélodie qui s'élève dans la langue de ses ancêtres : un chant de louanges à la vie après un accouchement toujours redouté. Vie qu'elle a gardée, vie qu'elle a donnée. Une voix pure, belle, qui émeut Nobila occupé à tresser des *sécos* à l'ombre du manguier. Son regard croise celui de Benebnooma et elle y sent tout l'amour et l'admiration pour cette épouse si belle.

Un regard, un geste, une présence... La grande pudeur des Africains, le sens de la dignité, les secrets des coeurs qui savent se maîtriser et se garder pour une intimité profonde.

Mais cette vie de travail et de sacrifice la reprend à présent tout entière. Ses mains fines et longues, plongées dans la calebasse d'eau, rafraîchissent en grandes éclaboussures son visage encore ensommeillé. La calebasse vidée le long des joues achève cette toilette du matin.

Le linge empilé dans la grande cuvette est prêt depuis la veille : il faut aller laver au puits. Alors elle accomplit ces gestes superbes qui sont toute l'Afrique : le bébé endormi est attrapé par les bras, posé à plat ventre sur le dos courbé de la mère. Un pagne est posé sur lui avec dextérité, passé sous ses fesses, serré sur l'estomac de la mère, ne laissant dépasser que deux plantes de pieds roses. Le bébé est en sécurité, il ne reste qu'à nouer le haut du pagne glissé sous les bras, au-dessus de la poitrine.

Koudbi ne s'est pas réveillé, sa joue repose avec confiance sur le dos de sa mère. Benebnooma peut alors hisser la grande bassine sur sa tête, et dans un élan du corps, l'équilibre s'établit.

Pieds nus dans la poussière du chemin, les Africaines marchent, marchent, et marchent encore, leur progéniture collée à elles. Elles ont donné la vie, cette jeune vie est sous leur totale dépendance. Le choix ne leur est pas offert, l'enfant accomplira avec elles tout ce que la vie quotidienne exige d'elles. Leur seule trêve sera d'offrir leur sein à peine alourdi aux petites bouches voraces, dès qu'elles pleureront. Communion intime et universelle que Benebnooma accompagne instinctivement d'une douce mélodie, parce que la musique est en elle. Koudbi sourit, le message est bien passé.

Au puits, Benebnooma retrouve les femmes et les grandes filles du village. Les puisettes de caoutchouc récupéré descendent et remontent, lourdes d'eau. Le gros savon frotte le linge sur la margelle du puits, travail pénible certes mais aussi retrouvailles des femmes. Travail communautaire où l'on parle, où les nouvelles du village s'apprennent, où des rires fusent dans cette complicité de femmes. Conseils des *vieilles* aux jeunes mères, respectueusement écoutés. On se penche sur les bébés des autres, les seins se découvrent au moindre pleur, sans aucune gêne. Saluts émaillés de longues palabres aux gens qui passent. Fête de l'eau aussi pour les animaux rassemblés autour du puits : les ânes gris, cochons, chèvres et chiens errants. La moindre goutte d'eau échappée des puisettes trop pleines, l'eau qui s'écoule du linge posé sur la margelle, tout est récupéré. Point d'attraction, point béni sur ces sols craquelés où la poussière est reine, où l'eau, d'où qu'elle vienne, est un don du ciel.

La chaleur est forte quand Benebnooma et ses compagnes reprennent le chemin du village. Le linge mouillé est pesant sur la tête, Koudbi semble plus lourd sur son dos fatigué et la sueur, essuyée d'un revers de main, coule le long des joues, laissant une traînée brune dans la poussière qui pâlit la peau noire. Les démarches sont peut-être plus lentes, mais les corps sont toujours aussi droits. Le regard est seulement plus lointain, ignorant souvent celui qu'il croise, perdu dans la contemplation d'un monde de pauvreté et de travail.

Les coups sourds du marteau dans la forge se rapprochent, la longue marche se termine. - "*Wa ka !*" lance Benebnooma, en pénétrant dans la cour et déposant enfin la bassine sur le sol. Un seul appel suffit. Les enfants obéissent. En un clin d'oeil, le linge est étalé sur les fils, ou à cheval sur les murs de terre de la concession, délités par l'eau à la dernière saison des pluies.

Petits enfants d'Afrique, vous non plus, vous n'avez pas le choix. Le travail est le plus souvent votre seul apprentissage, celui d'un monde dur dans lequel vous êtes nés. Vos mères se doivent de vous l'apprendre, tôt, sans faiblesse.

Koudbi, repu, a retrouvé la natte maternelle. Dans la cour, chacun s'affaire. Nopoko détache de leurs tiges les feuilles d'oseille avec les tout-petits que ce jeu amuse. Wuogo dépose à terre la cuvette qui contient les maigres achats du marché pour le repas de midi : quelques tomates, un demi-chou, les piments jaunes, la petite boule de sel. Il n'y aura pas de viande dans la sauce, aujourd'hui. Les beignets, hier soir, n'ont pas rapporté beaucoup. Les légumes et la pâte d'arachide la remplaceront.

Déjà les oignons frits éveillent les appétits. Alors Benebnooma peut préparer le *tô*. Un rite. Le mil empilé dans les greniers depuis la dernière récolte est pilé à l'aurore, écrasé en farine sur la table de pierre. La grosse marmite en fonte est enduite de terre mouillée, ramassée à même le sol de la cour, afin d'être protégée de la flamme. Benebnooma la remplit d'eau et de farine. Le dosage est son secret. Assise sur un minuscule banc de bois, elle a disposé auprès d'elle trois calebasses : la première est pleine d'eau, une autre plus grande recevra les boulettes, quant à la toute petite elle servira de louche et de moule. Armée d'une spatule de bois, elle mélange cette bouillie qui s'épaissit peu à peu. Sa grande habitude lui fait apprécier la consistance, et la force de ses bras décuple pour tourner cette pâte qui doit rester bien lisse. Une, deux, trois louchées d'eau et la spatule reprend sa ronde. Opération inlassablement renouvelée... Ça y est, c'est au point ! Avec des gestes étonnamment rapides et précis, la spatule ne s'arrêtera jamais et la louche sortira des boules parfaites sitôt déposées dans la calebasse vite remplie. La marmite vide sera posée à terre près du feu qui s'éteint.

Les yeux des filles ont suivi avec intérêt ces gestes qui se transmettent ainsi de génération en génération, par mimétisme, simplement. Et dans toutes les cours du village, devant les cases, les mêmes gestes, les mêmes odeurs de tô, les mêmes rites quotidiens des femmes. Autarcie, communauté de vie, entraide, solidarité, partage : grandes richesses de l'Afrique.

Benebnooma pose la grande cuvette de sauce fumante près de la calebasse de tô, à terre. Alors ils s'assoient tous en cercle, symbole de l'union de la famille qui se retrouve, et s'accomplit le rite du repas. En silence, chacun décolle de la main droite une boulette de tô, la trempe dans la sauce pimentée, parfois gluante, la fait glisser le long des doigts agiles puis l'introduit dans la bouche. Rite sacré du repas dont chacun mesure l'importance. Sacrilège du gaspillage. La faim de chacun est assouvie selon son âge, Benebnooma veillant sur les plus petits. Quand le cercle se sera éparpillé, elle trempera ses doigts dans la cuvette d'eau et les essuiera discrètement avec le bas de son pagne.

Pendant ce temps, Nobila a terminé la réparation de l'ombrière malmenée par le dernier grand vent. La petite charrette métallique rentre. Aujourd'hui ce n'est pas l'âne, mais les enfants qui s'en chargent, revenant du puits avec le gros bidon de récupération. Les grands ont tiré, les petits ont poussé sous la chaleur implacable pour ramener l'eau de la journée. Une calebasse de cette eau versée sur leur tête les réconforte et des exclamations de joie accueillent la sauce encore chaude et le tô auxquels leurs solides appétits feront honneur.

Benebnooma, ses co-épouses, les belles-soeurs ont rempli les canaris où l'eau se garde fraîche dans l'ombre des cases. C'est l'heure la plus chaude du jour. Le temps semble suspendu sous le soleil qui plombe. Les hommes dorment, allongés sur des troncs d'arbres, large chapeau conique des Mossi posé sur le visage... A l'ombre, des enfants jouent. Le jeu des enfants est partout, sous toutes les latitudes. Ici, jeux de misère, circuits tracés au doigt dans la poussière, les cailloux avancent, propulsés avec l'index. Les rires éclatent dans la cour endormie.

Les animaux, eux, ne connaissent pas le repos : les cochons se battent dans le tas d'ordures, les poules cherchent autour des greniers à mil quelques grains égarés, quelques miettes de tô près des marmites du repas. Combats de coqs pour une brindille. Leur survie est à ce prix. L'Afrique a tout juste de quoi nourrir l'homme, alors l'animal doit se débrouiller seul. La cour explorée, ils iront continuer dans les cours voisines et les rues du village leur ronde permanente.

Benebnooma a retrouvé l'ombre de sa case où Koudbi transpire sur la natte. Elle essuie délicatement les perles de sueur sur le front, mouille un coin de son pagne et rafraîchit le corps moite. Elle s'allonge enfin près de lui et s'endort.

Plus tard, à l'heure où la chaleur accorde un peu de répit, où va-t-elle donc, Koudbi bien calé sur son dos, la démarche souple et légère, contournant les buissons qui courent sur la colline, laissant dans son sillage des envolées de petits oiseaux rouges, le sifflement d'un serpent dérangé, des perdrix affolées, des vols lourds de pintades criardes ? Elle avance en longues enjambées vers le puits et, plus loin, la grande concession dont on distingue à présent les murs de terre et les greniers à mil. A son approche, les margouillats, ces gros lézards familiers, prennent d'assaut les murs, courent le long de la crête et, en des glissades vives, disparaissent.

Benebnooma n'a pas retrouvé ces lieux familiers depuis la naissance de Koudbi. Il est urgent d'accomplir à nouveau les rites protecteurs pour le village tout entier et tous ceux qu'elle aime : l'enfant de Wuogo, ce matin, ne s'est-il pas tordu en des convulsions effrayantes ? Elle est déjà allée cueillir des feuilles de papayer pour soulager les maux de ventre de la vieille Koudpoko. Mais là-haut la grande famille, les oncles, possèdent les *tigari*, gris-gris qui permettent de repérer les sorciers et sorcières du village et de repousser leurs méchantes influences. Benebnooma, la griotte, vient avec eux lancer ces étranges incantations qui remontent aux sources les plus lointaines.

- *"Kiémamé ?"..."Lafi bala"..."ya sooma"* - ça va la santé... la santé seulement... c'est bien - et la palabre commence. La calebasse d'eau de bienvenue lui est offerte et elle y plonge avec plaisir ses lèvres desséchées. Koudbi la partage aussi.

Alors sortent des cases des queues de zébus et autres amulettes qui vont bientôt s'animer étrangement entre leurs mains. Les corps se balancent, d'avant en arrière, lentement d'abord, pour s'amplifier, s'accélérer. Les bras se lèvent plus haut, les gris-gris oscillent entre les jambes écartées de plus en plus loin, en cadence toujours plus rapide. Benebnooma s'associe à ce balancement dans une ondulation de tout son corps et l'enfant vibre aux rythmes maternels.

Soudain sa voix pure s'élève au-dessus de cette surprenante frénésie, l'enveloppe tout entière, les yeux deviennent hagards, les genoux fléchissent à terre, les gris-gris sont élevés très haut au-dessus des têtes agitées convulsivement. L'esprit a quitté les corps qui ne se contrôlent plus. La voix de Benebnooma les envoûte et elle-même tombe à genoux, le regard fixe, en transe.

Spectacle bouleversant qui va durer jusqu'à ce que les corps épuisés se relâchent, jusqu'à ce que la voix de Benebnooma faiblisse en une douce mélodie. La sueur recouvre les corps exténués... Alors, avec des gestes très tendres, la mère dénouera son pagne pour prendre son fils entre ses bras et terminer pour lui un chant très doux qui le calmera.

Les calebasses d'eau passent de main en main. La nuit que nul n'a vu venir ramène la paix dans tous ces corps qui ont conjuré le mauvais sort qui s'abattait sur le village. Benebnooma, calmée, Koudbi gavé de lait, redescendront la colline. Les yeux de chat retrouveront sans peine le chemin. Un arrêt chez la vieille Koudpoko qui semble apaisée des souffrances du matin, chez Wuogo, dont l'enfant dort en paix ce soir. Tout est bien, le sort est conjuré ! La cour a retrouvé son calme précurseur du sommeil, quelques braises rougeoient encore entre les pierres du foyer, devant la porte. Wuogo a vendu les beignets.

Quand Nobila pénétrera dans la case de Benebnooma, cette nuit-là, Koudbi est serré très fort contre elle. Il comprendra ce tendre rempart : Benebnooma souhaite le repos, repos dont elle a tant besoin. Benebnooma veut ne pas enfanter. L'Africaine se protège comme elle le peut ! Néanmoins, il restera auprès d'elle parce qu'il désire caresser longuement les formes si parfaites et le visage si beau de cette femme, la sienne, qui a su, aujourd'hui encore, dépasser les limites humaines pour protéger la communauté.

*

* *

CHAPITRE III

C'est dimanche au village. Hommes, femmes, enfants en grand nombre, boubous clairs et pagnes propres, ont mêlé ce matin leurs prières et leurs chants pleins de ferveur, à l'église de la mission. Comme chaque dimanche, avec le Père blanc, ils ont remercié leur Dieu juste et bon. Peut-être est-il nécessaire, en effet, de leur rappeler, à chaque office, pour les aider à supporter cette vie de misère, que les souffrances de cette terre sont offertes à Dieu qui leur accordera une félicité éternelle ? Peut-être est-ce cette vision que les femmes entrevoient, dans leurs regards lointains, ivres de fatigue ? Peut-être est-ce cette foi qui soutient leur corps dans ces marches épuisantes à la recherche de l'eau ?

Benebnooma, elle, n'a pas besoin du support de ce Dieu-là. Son âme forte la guide dans son sens inné de l'amour des autres. Elle croit cependant. Elle croit en son pouvoir de griotte, ce pouvoir qui lui a été transmis par ses ancêtres dont les âmes sont partout autour d'elle : dans le vent, les cases, l'eau, la foudre, les arbres, le feu... ces âmes la soutiennent et elle y puise sa force. Les rites qu'elle renouvelle, quand elle les sent nécessaires pour le bien de tous, sont sa façon d'aimer. Première à chercher en brousse les plantes qui guérissent les corps souffrants, Benebnooma a toujours le bon conseil pour quiconque se plaint. La confiance et l'amitié que lui témoignent les autres sont bien méritées. Son nom même est le reflet de son image : *Comme on est bien ensemble !* Prédiction ou coïncidence ?

En fin de matinée, sous le caïcédrat de la grand' place, près de la forge muette en ce jour dominical, Benebnooma vient s'asseoir sur la grosse souche où tant d'amis se rencontrent. Les femmes qui ont prié à la mission ce matin, celles qui ont loué Allah dès l'aube, à l'appel du muezzin enturbanné, celles qui ont simplement vaqué à leurs occupations, arrivent petit à petit, bébés au dos ou enfants accrochés aux pagnes. Elles se retrouvent à l'appel de Benebnooma. Les mains se serrent en claquements chaleureux ponctués d'exclamations et de rires. Le cercle symbolique de l'Afrique se forme autour d'elle.

Alors elle saura leur expliquer en *mooré*, langue commune à toute l'ethnie Mossi, que l'argent de la *tontine* a été utilisé pour l'enfant de Regma et de Pauline, transporté à l'hôpital la semaine passée. La tontine a pu payer les médicaments qui l'ont sauvé. Et, spontanément, en une totale confiance, les coins des pagnes se dénouent, et dans la poussière du sol sont jetés les *pissi* et les *piyé*, pièces de cinquante et de cent francs, durement gagnées, mais généreusement offertes pour la communauté. Chacune se réjouit pour l'enfant de Regma tout en serrant plus fort contre elle les siens. La vie est un combat permanent contre la maladie devant laquelle elles sont si démunies.

Tontines africaines, ancêtres lointaines de nos sociétés de secours mutuel, sans règlement écrit, nées de la solidarité et du partage. Ici la tontine de femmes créée par Benebnooma est destinée aux enfants. Ils sont si fragiles et si vite emportés. Benebnooma compte les pièces, une à une, fort, à la vue de toutes, les noue dans le petit chiffon qu'elle gardera précieusement à l'abri, chez elle. La communauté l'a depuis longtemps désignée comme gardienne du précieux trésor.

Taramignandè suggère que toutes louent leurs services pour les travaux des champs, à la prochaine saison des pluies afin de garnir la tontine. Des bravos unanimes saluent cette proposition. Alors, au-dessus des bavardages qui prolongent cette importante réunion, Benebnooma entonne un chant, repris par toutes, debout, les bébés replacés sur les dos. Les mains claquent pour rythmer, les enfants s'y essaient.

Et Benebnooma entame la danse très populaire qu'elles aiment tant, qui engendre de grands éclats de rire. L'une d'elles, projetée au centre du cercle y exécute quelques mouvements bien scandés avec les pieds et les mains, puis revient tomber dans les bras d'une autre qui est projetée à son tour au centre pour la même performance...jusqu'à ce que toutes aient participé. La voix de Benebnooma domine ce choeur de joie, de remerciements à la communauté. C'est terminé, le cercle se défait. Chacune rejoint sa cour. Une poule, une pintade améliorera peut-être le repas quotidien. Les grandes filles des cours ont allumé les feux et commencé à *préparer*, c'est-à-dire préparer le repas, pendant la réunion des mères.

L'après-midi s'étire... Scènes de cours : coiffure des femmes, des heures de patience et d'entraide pour dérouler les boules laineuses des cheveux, les tresser avec du cordonnet. Tresses plaquées joliment sur le crâne ou ceinturant le front, coquetterie qui maintient ses droits. Jeux d'enfants. Mains de jeunes artistes qui trouvent dans les ferrailles, les cartons, les bouts de bois et de ficelles, les vieilles boîtes, matières à composer d'ingénieux jouets : frondes pour les oiseaux de brousse, charrettes et vélos miniatures, trésors d'imagination, de patience, de créativité. Les hommes rentrent le bois coupé en brousse, le taillent grossièrement, l'entassent. Visites de voisins, de la grande famille. Offrande de l'eau. On prend le temps de palabrer. Là, des yeux curieux et pleins d'envie se penchent sur les images des livres de classe prêtés par les privilégiés de la cour qui fréquentent l'école... Cris des petits qu'on lave, nus, dans les grands seaux de fer, calebasses d'eau versée sur les têtes pour un rinçage sommaire. Mince couche de beurre de karité appliquée sur les petits corps propres. Pliage du linge sec entreposé dans de grandes cuvettes, à l'abri dans les cases. Animaux qui partagent l'agitation : bêlements, caquetages, braiments, grognements... criailleries d'une bande de pintades sur la crête du mur. Marmites sales du repas dans un coin de la cour, que l'on nettoiera ce soir, avant de préparer. Un peu de paille de mil mouillée et de terre sèche récureront les fonds noircis.

La cour d'Afrique vit. Confuse, bruyante, dans un aimable désordre. Mais chacun y a sa place et la porte est toujours grande ouverte à l'accueil. Là on naît, là on grandit, là on meurt, souvent jeune, en ces années du milieu de siècle.

Vers le soir, des nuages inattendus montent et cachent le soleil qui descend. La chaleur a été plus lourde aujourd'hui et les corps plus moites. Nous sommes au début mars. Les mangues commencent à prendre couleur dans leurs arbres immenses mais elles ne sont pas encore mûres. Il est vrai qu'elles n'ont pas reçu leur pluie, *la pluie des mangues* comme l'on dit. Elle vient en février d'habitude, et achève le gonflement, le mûrissement. Sans doute se prépare-t-elle dans la moiteur du soir ?

Dans la cour de Nobila, les femmes ont rentré les marmites et les calebasses après le repas et les beignets du soir. Les hommes ont mis à l'abri haches, machettes et ces houes qui symbolisent encore le travail de la terre en Afrique, les *dabas*. Des éclairs fulgurants illuminent la cour que la nuit a totalement envahie, et laissent entrevoir les poules serrées sous l'ombrière et les cochons tapis le long des murs.

Benebnooma a fermé la porte de sa case. Les deux aînés dorment déjà sur leur natte. Koudbi, encore hésitant sur ses petites jambes, le corps un peu fébrile, semble inquiet. Sa mère lui a préparé une décoction de plantes dont elle connaît le secret. Elle espère que cela calmera l'enfant et lui apportera une nuit paisible. Koudbi boit la tisane rafraîchissante. Elle essuie du doigt, avec une infinie tendresse, les filets qui coulent sur son menton. Le roulement sourd du tonnerre et le vent qui s'est levé ébranlent la porte. Koudbi geint doucement dans les bras maternels. Son front chaud fait surgir en elle les affres permanentes de la maladie. Monte alors à ses lèvres cette chanson que lui chantait sa mère, que chantait sa grand-mère.

Au dehors, le vent se calme. De larges gouttes de pluie tapent sur le toit à petits coups discrets d'abord, puis plus nombreux, plus précis. Très vite un martèlement incessant de la tôle plonge la case dans un vacarme assourdissant. Mitraillage des pluies tropicales, soudaines, brutales, énormes, mais tellement prometteuses en juin ! En ce début mars, un baume apaisant dans la chaleur des journées épuisantes. Combien de temps durera-t-elle ? Nul ne le sait. Quelques heures, une journée, deux...

Toute la nuit, Benebnooma a calmé Koudbi près d'elle, perturbé par ce tintamarre et la fièvre qui l'agite. Brisés de fatigue, ils ont fini par s'endormir, tous deux. Une lueur pâle éclaire la case... l'aube est déjà là, la pluie n'a pas faibli. Réveillée, Benebnooma entrebâille la porte et découvre un rideau de pluie qui voile les lieux familiers. Les aînés sont éveillés, Koudbi aussi à qui la fraîcheur de la nuit à redonné vigueur. Le tô de la veille, précieusement mis à l'abri, satisfait les appétits aiguisés du matin et calme les impatiences.

Soudain, le vacarme cesse, la pluie se calme. Elle tombe à présent plus régulièrement, moins sonore. Les enfants sont sortis très vite pour la voir, la recevoir, la sentir couler sur leur corps. Ils piétinent dans les flaques de la cour, s'éclaboussent en poussant de grands cris. Quelle joie ! C'est la fête de l'eau. Ils ne se privent pas.

L'Afrique a subitement perdu sa poussière. Les manguiers, les papayers sont lavés, les buissons de la colline se redressent, d'un vert éclatant. Dans les rues, les cochons se vautrent dans les flaques, grognant de satisfaction, dégoulinant de boue... les chèvres s'ébrouent dans les branches basses des arbres frais. Poules, coqs, pintades boivent cette eau providentielle qui leur est offerte.

Mais la vie reprend ses droits. L'eau du ciel ne peut remplacer l'eau du puits qu'il faut aller chercher. L'école attend les enfants, la forge son forgeron, l'atelier son tailleur, le four son bronzier, le marché ses bouchers et ses vendeuses de légumes. Tout ce monde se déplace sous la pluie, visions de misère. Pagnes dégoulinants des femmes, manteaux fanés, trop longs ou trop courts, vieilles couvertures déchirées, chapeaux, bonnets hétéroclites, vieux sacs de mil sur la tête. Chacun se protège avec ses moyens de pauvre. Il est vrai que la misère est moins triste au soleil...

La pluie lâche prise dans l'après-midi. Les nuages s'effilochent pour laisser place à de grands pans de ciel bleu et le soleil brille à nouveau sur la nature transfigurée : les feuilles brillent, l'air est plus léger, la vie reprend un souffle nouveau de fraîcheur et de mieux-être dont chacun profite, car il sera de courte durée. Il fera frais dans les cases cette nuit. Frais, que dis-je ? Froid pour les Africains qui grelotteront sous les pagnes accumulés.

Au matin, miracle des tropiques ! Sur ce sol nu, sec, où la poussière se respire autant qu'elle se foule, un léger duvet vert est apparu... Les graines qui affleurent ont su mettre à profit les conditions réunies en ce jour béni : eau et chaleur. Court répit, hélas. Les chèvres auront tôt fait, en quelques coups de dents, d'en faire disparaître toute trace. L'oeil se réjouira pour quelques heures de ces visions de verdure retrouvée, de ces flaques dont les petits pieds nus bruyants et tapageurs profiteront jusqu'à complète disparition. De jour en jour, inlassablement, chaleur et vent s'associeront afin que l'Afrique n'oublie pas le sort qui lui est imposé, la vie qu'elle n'a pas choisie, dont elle doit s'accommoder, du mieux qu'elle peut, avec le bon sens et la sagesse qui ne lui font pas défaut.

Afrique si souvent mal jugée par les nantis de la terre, dans leur confort douillet, dans leurs jardins de rêve, dans l'égoïsme insolent de leur vie... Afrique qui dérange dans ses visions de misère...

Tout de suite après la pluie venue tard, les mangues sont mûres. Vive les mangues ! C'est la fête des mangues ! Les mangues sont partout, sur la tête des femmes en route pour le marché, sur les étals sommaires, le long de la route goudronnée, le *goudron*, pour les Blancs de la ville. Au village, on partage, on offre à ceux qui en ont moins, on en mange à toute heure. Les noyaux, jetés au hasard, retournent à la terre.

Dans l'épaisseur des manguiers fusent les rires des enfants. Ils y grimpent comme de véritables singes. Ils ont repéré du sol, très haut, les plus belles, les plus dorées, les plus gorgées de soleil. A l'abri des regards, trahis par leurs rires et leurs éclats de voix, ils se gavent de jus sucré. Ils en lancent aux plus jeunes qui attendent sous l'arbre. Koudbi, participe lui aussi à la fête. Les yeux pétillants, il attrape le beau fruit oblong, y mord à pleines dents, s'éclabousse de jus, crache la peau coriace, suce la chair juteuse, tient avec ses deux mains l'énorme noyau qui file entre les doigts et qu'il maintient, avec l'habileté de tous, pour ne rien perdre. Ses mains sont collantes, le jus laisse des traînées noires sur les joues, les jambes et les mains, blanches de poussière. Mais qu'importe ! Il prend avec bonheur la ration de santé que l'Afrique offre à ses enfants.

Dans la grande cuvette, ce soir, Benebnooma nettoiera avec bonheur le corps souillé qui respire la vie.

*

* *

CHAPITRE IV

Koudbi grandit au rythme des lunes qui se succèdent, des mois qui passent. Nobila le chérit au fond de son coeur. Il retrouve en lui ses yeux rieurs et vifs. Benebnooma, son épouse favorite, lui a offert ce magnifique cadeau. Mais il n'en laisse rien voir et Koudbi se mêle à tous les jeux de ses nombreux petits frères. Il est heureux.

La dernière saison des pluies avait commencé tôt. Des semailles précoces avaient été envisagées et faites. Hélas, la pluie trop vite arrêtée, les graines n'avaient pas levé et il avait fallu attendre pour recommencer le bon vouloir de cette nature indomptable. Alors, elle s'était décidée, plus tard, et la petite forge de la place n'arrivait plus à fournir les dabas à la population prise de frénésie qui semait, semait partout, dans le moindre recoin de terre disponible. Les femmes du village, levées avant le jour pour piler et préparer, partaient, daba sur l'épaule, repas sur la tête, bébé au dos, participer au travail des hommes et gagner leur tontine, ainsi qu'elles l'avaient décidé sous le caïcédrat de la grand' place. Les grands, libérés de l'école, ajoutaient aussi la force de leurs bras. Dans les cours désertées, les très vieux, hommes ou femmes, veillaient sur les plus jeunes qui n'avaient plus besoin du sein maternel. Mais Benebnooma aimait emmener Koudbi, bien que sevré. Elle savait qu'il adorait entendre le chant de sa mère soutenant le rythme de ses compagnes, relançant les courages quand les dabas se faisaient plus lentes au bout des bras. Il tapait dans ses mains, l'accompagnait, connaisseur déjà, avec de grands éclats de rire.

Le corps plié tout le jour, les femmes étaient penchées vers ce sol humide où la daba pénètre aisément pour creuser, déposer trois graines et rabattre la terre. Elles retrouvaient au soir qui tombait le balancement de leurs corps cambrés, cuvettes vides sur la tête, bébés endormis au dos. Souvent, la chaleur lourde du crépuscule annonçait la pluie pour la nuit. Alors leurs pensées se tournaient vers ces petites graines semées toute la journée, qui germeraient, porteuses de vie.

A la veillée, autour des lampes-tempêtes ou des feux du foyer, volaient des nuées d'éphémères que les grands s'amusaient à faire griller, friandises d'un soir. Des milliers d'insectes de toutes sortes tournaient. Les moustiques aussi étaient là, attirés par l'eau qui n'avait pas le temps de sécher, menace permanente du paludisme, le *palu,* redouté, parfois mortel. Les crapauds, invisibles en saison sèche, se régalaient de cette abondante nourriture. Nul ne songeait à chasser ces invités-là.

Les graines ont bien levé. Le village est méconnaissable. Les concessions disparaissent derrière les hautes tiges de mil, plantées dans les rues, sur la place, autour de la forge. Un espace a cependant été aménagé pour le passage des humains, des petites charrettes. Les épis alourdis en haut de leurs longues tiges, mil rouge ou sorgho pour la bière, appelée *dolo,* mil blanc pour la farine, annoncent une récolte prochaine. Les hommes, chaque jour, vont aux champs afin que rien ne trouble la nature généreuse en ces temps bénis. Un coup sec, et les mauvaises herbes feront le bonheur des chèvres, ce soir. Deux ou trois coups de daba autour des pieds de mil et la plante respirera mieux. Chasse aux oiseaux voleurs des précieuses graines, et le repas du soir en sera amélioré ! Les fruits des cotonniers ont éclaté et libéré leurs graines enveloppées dans les masses floconneuses... il est temps de venir les cueillir. Les feuilles rondes des arachides sur des tiges déjà hautes laissent prévoir aussi que l'arrachage est pour bientôt. Les fleurs rouges de l'oseille sont superbes, dans cette verdure luxuriante. Les champs sont pleins de promesses.

Alors, on se met à espérer....

La soudure sera-t-elle possible cette année ? Evitera-t-on les cauchemars des mois d'avril, de mai, lorsque les greniers se vident trop vite, lorsque les rations de tô diminuent, les repas s'espacent, lorsque le mil sur le marché n'est plus à la portée des plus pauvres, comme ici au village ? Mois terribles où les coeurs des parents se serrent devant les enfants qui ont faim, lorsque les bébés s'accrochent aux seins trop flasques des mères mal nourries. Mois terribles où la mort rôde autour des corps vulnérables. Mois terribles d'attente des premières pluies.

A travers les buissons de la colline, Benebnooma refait souvent le chemin vers la concession de ses oncles, pour aller conjurer le mauvais sort des sorciers qui envoient la famine mangeuse d'hommes, repousser de toutes ses forces la mort qui guette... appeler cette eau qui ne vient pas. Et leurs incantations montent avec une ferveur toujours intense, avec une foi toujours renouvelée.

Si la pluie tarde encore, les forgerons prendront la relève, en ultime recours. Leur caste, la plus redoutée, est maîtresse de la pluie. Force terrible de croyances qui se perpétuent à travers les générations, dans une société où chacun a sa place.

Pendant ces mois d'anxiété, les hommes, en brousse, chassent. La famille a faim. L'Africain ne chasse pas pour son plaisir. Quand les greniers sont pleins et les marmites fumantes, il respecte la vie des animaux. Mais dans les temps de disette quand lièvre, perdrix ou pintade réconforte les siens, alors son coeur se réjouit.

Oui, l'espoir est permis en ces jours de septembre au début des récoltes. Tous reprennent, la joie aux coeur, le chemin des champs : femmes de toujours, précieux repas pour redonner courage, précieux fardeau au dos ; charrettes chargées d'enfants, tirées par les ânes ; hommes, jeunes, machettes, dabas et serpettes à l'épaule.

Les tableaux du soir sont superbes : dans le doré du couchant, les files de femmes auréolées de lourds épis de mil blanc, de mil rouge, savamment disposés sur de larges plats ronds en équilibre sur la tête, sont majestueuses. Les petites charrettes débordent de balles de coton. Et s'élèvent sur ces retours de joie des chants sortis des tréfonds du continent célébrant ces moments d'abondance.

Après l'agitation joyeuse des retours, lorsque les épis auront empli les greniers à mil, le coton entassé dans de grandes corbeilles tressées en saison sèche, lorsque les familles se seront retrouvées pour le repas, préparé par les vieilles qui sont restées, on ajoutera alors exceptionnellement quelques précieuses branches au foyer qui se meurt. Et, dans sa cour, Benebnooma ouvrira la danse des moissons où la puissance des instruments -

tam-tams, *bendéré* et *lumsé* - soutiendra les chants. Et ces rythmes, ces chants retentiront dans toutes les concessions, se prolongeront, se mêleront au clair de lune, sous les manguiers de la place. Une expression collective, une danse de tout le corps où la séduction sait aussi s'exprimer avec toute sa force et ses gestes naturels. La danse continuera, jeunes et vieux confondus, jusqu'à ce que les rythmes faiblissent peu à peu. Alors, les calebasses de dolo circuleront et apaiseront la soif de ces corps luisants de sueur et vidés de leurs forces.

Peu à peu, chacun s'acheminera vers le repos du soir, et à la lueur des braises, en rond autour du foyer, grands yeux extasiés, les enfants écouteront avec ravissement les histoires de la hyène et du lièvre que les vieux, dans leur grande sagesse, auront choisi de conter à ce moment-là pour ramener le calme dans la paix de la nuit. Dans un coin de cour, quelques jeunes encore pleins de fougue se mesureront à la lutte. Corps à corps, simple jeu ou préparation de joutes futures.

Koudbi, au milieu de ses frères est tout à l'écoute du vieux. Benebnooma a retrouvé sa case, un peu lasse. Elle boit longuement l'eau encore fraîche du canari et profite de cet instant de trêve pour rêver, allongée sur sa natte...Rêver...Si peu de temps lui est laissé pour rêver dans sa vie quotidienne. Alors, elle revit cette danse où elle a donné toute son énergie. Elle revoit les yeux des hommes, pleins de désir à son égard. Elle aime cette séduction qui s'épanouit librement dans la fête. Elle aime ces jeux parce qu'elle est femme, que l'amour est en elle, parce qu'elle est encore jeune et belle... et séduire lui plaît... Elle devine les mêmes rêves des hommes, sur leurs nattes allongés.

Le calme revient en elle, la détente du corps, la maîtrise d'elle-même, naturelle, et l'amour de Nobila reprend tout entier sa place et la submerge...

Les voix des enfants qui rentrent la ramènent à la réalité du moment. La hyène et le lièvre peupleront vite leurs rêves enfantins. Koudbi, le plus jeune, est serré contre elle.

*

La vie s'écoule ainsi, au rythme des saisons, au rythme des

lunaisons qui régissent toute l'existence. Ce soir, la lune est pleine. Sur toutes ces terres lointaines qui ne connaissent que la *lumière du pauvre*, elle prend un éclat tout particulier. Le village baigne dans une clarté blanche et la nuit n'apporte pas son angoisse habituelle. Les ombres de Nobila et de ses frères assis devant les cases s'allongent démesurément ; les bruits familiers se prolongent : frottement de la paille de mil sur les marmites qu'on récure, cris et rires d'enfants, grincement de la lime sur le tronc de bois que Souka affine, futur mortier pour les femmes. Dans le petit bois d'eucalyptus, les jeunes se retrouvent : bavardages, rires, couples qui se forment et se perdent dans un coin d'ombre... Sur une souche, près de la forge, sous les rayons de cette lune qui éclaire les cahiers, M'bi et Sibi étudient leur leçon du lendemain, lumière du pauvre qu'on ne laisse pas perdre !

La *dolotière* n'a pas encore fermé sa porte, et les calebasses pleines circulent autour des bancs de bois. Regma qui a *demandé la route*, c'est-à-dire la permission de partir, ponctue son départ d'un - "*Wenna kôd beogo !*" - bonne nuit - retentissant auquel répondent des souhaits de bonne route et de bonne nuit, dans cette langue mooré, rude, rocailleuse et sonore.

Les vendeuses d'arachides, derrière leur petit étal de fortune, au ras du sol, attendent les derniers clients... Les galettes de sésame et les beignets de haricots se sont vendus plus tard ce soir, et les derniers brûlots des foyers s'éteignent tout juste.

Tous les enfants dorment, sur leurs nattes. Benebnooma n'a pu résister à prolonger la soirée dehors sous cette lune magique et ces étoiles intenses. Au-dessus du groupe des femmes aux contours adoucis, s'élève sa voix cristalline qui entraîne les autres tandis que son fils aîné l'accompagne sur une calebasse. La nuit est superbe, c'est un don du ciel.

Cependant, le disque si parfait dans le ciel, se creuse sournoisement et le clair de lune dont l'intensité faiblit fait brusquement lever les têtes - "*Le chat est en train de manger la lune !*"

Alors, un tapage brutal, assourdissant retentit. Dans toutes les concessions, dans les rues, qui sur les calebasses, qui sur les marmites, qui sur les cuvettes, les seaux, les plats... Un roulement qui enfle, puissant, mêlé aux *youyous* des femmes. Une incantation de tout un village qui implore le chat de rendre la lune - "*Yuung taar king la baasa ta loogë !*" Les enfants, réveillés, ajoutent au vacarme grandissant à mesure que la lune disparaît et que l'angoisse croît. Il ne faut pas céder à ce chat maléfique ! Deux heures de tapage infernal, ponctuées par une supplication lancinante, jetée comme une litanie par tout un village terrorisé.

Quand la lune brillera à nouveau de tout son éclat, dans son disque parfaitement remodelé, le calme reviendra peu à peu, le village retrouvera son silence. Les corps épuisés par cette longue lutte, humains contre forces maléfiques s'endormiront en paix, savourant la victoire... le chat ne reviendra pas de sitôt !

Ignorance ? Nos savants peuvent-ils affirmer mieux comprendre ces phénomènes du cosmos ? L'Afrique respecte la sagesse de ses ancêtres.

Et si le chat n'avait pas rendu la lune ...?

*

* *

CHAPITRE V

La chaleur est épuisante. Sur la colline, s'étire lentement un troupeau de zébus efflanqués et baveux. La tête du vacher disparaît sous le chapeau des Mossi, cône rigide où s'enchevêtrent cuir et paille tressés, protection absolue contre ce terrible soleil ! Son bâton les guide vers le puits où des femmes remplissent les canaris, les seaux et les bidons. Arrêt providentiel dans cette longue marche à travers la savane brûlante où l'eau qui s'étale en flaques autour du puits est lapée jusqu'à la dernière goutte. - "*Kiémamè ?*"..."*Lafi baḷa*"..."*ya sooma*" et la rencontre des femmes et du meneur de bêtes s'amorce ainsi par un long échange de paroles de bienvenue, attention à l'autre, présente, chaleureuse, qui émaille les rencontres journalières.

Et l'homme repart avec plus de courage, l'œil en éveil, l'oreille aux aguets, tendue vers le moindre sifflement d'un serpent dérangé sous les buissons, le bâton prêt à abattre l'ennemi du troupeau, toute sa richesse. Au loin, l'énorme acacia albizia. Nouvelle halte...le troupeau, fourbu, se couche sous son ombre, l'homme s'endort, le chapeau sur les yeux.

Taramignandè et Benebnooma se sont retrouvées au puits. Les canaris sur la tête, elles reviennent au village. Les gouttelettes qui s'en échappent rafraîchissent leur peau brûlante. Elles longent de gros manguiers où, dans l'ombre épaisse, s'alanguissent chèvres et cochons, écrasés de chaleur. Sous l'ombrière de Pascal, trois petits dorment, à même le sol. Les mouches, plaie des pays chauds, profitent de l'immobilité des corps pour explorer la moindre blessure, la commissure des lèvres où traînent toujours quelques débris, le coin d'un oeil purulent... Sous les tropiques, les bandages sales sur les petites jambes maigres cachent souvent une infection profonde qui n'en finit pas de guérir... Mais les femmes sont habituées à ces spectacles de misère. Elles dirigent leurs pas vers la concession de Koudpoko, la vieille, reprise par ses douleurs d'entrailles. Elles ont bravé la chaleur pour lui ramener l'eau fraîche qui la désaltérera. Ce matin, à l'aube, le vieux Zoubi est venu chercher

Benebnooma, celle qui a sa confiance. Mais ses décoctions de feuilles, ses emplâtres d'herbes dont elle a le secret, ne calmeront pas la malade.

Le mystérieux téléphone africain a fait courir la nouvelle. Taramignandè l'a rejointe, les femmes du village se relaient pour apporter sinon le soulagement, du moins leur compassion à la souffrance.

Le corps maigre n'en peut plus de se tordre et un souffle rauque sort de la bouche édentée. Le dernier espoir ira vers l'hôpital. La *bâchée,* une vieille Peugeot de la cour de Taramignandè, brinquebalant sur les aspérités du chemin emportera Koudpoko, sous le regard noble et impénétrable du vieux Zoubi. Dans ses yeux, seule se lit une infinie tristesse. Chacun repart vers les siens, l'inquiétude au coeur.

*

La nuit a depuis longtemps envahi le village, nuit totale, nuit sans lune. Dans la profondeur du silence obscur, s'élève soudain des cris et des youyous, voix de femmes plaintives. Etrange mélopée sortie des entrailles de l'Afrique : on vient de ramener dans sa concession le corps de Koudpoko morte à l'hôpital. Elle est déposée devant sa case, sur un brancard improvisé fait de branchages grossiers et recouvert d'une natte tissée. Les belles-filles, premières dans la hiérarchie, apportent chacune un pagne pour recouvrir la dépouille. A la lueur des lampes-tempêtes, le village en pleurs et gémissements fera savoir au vieux Zoubi et à sa famille sa compassion dans le chagrin.

Alors commencent dans la concession les cérémonies rituelles, étrange spectacle, intime mélange de la vie et de la mort. L'enterrement demain suivi par les funérailles pour marquer l'entrée de Koudpoko au royaume des ancêtres. La fête ne doit pas être triste puisque *la vieille* a longuement vécu. La grande famille et le village entier se retrouveront deux jours et deux nuits pour célébrer ce départ.

Le sorgho germé bouillonnera toute la nuit et le jour suivant, dans les énormes récipients de terre cuite soudés au sol, entre lesquels sera entretenu un feu de fagots et de souches d'arbres que les hommes débiteront à grands coups de hache.

Ainsi les calebasses de dolo pourront passer de main en main dès l'aube parmi les danseurs et soutenir le rythme.

Au lever du jour, dans la cour de la concession, les belles-filles entament une ronde très balancée, très rythmée, scandée par les battements sur les calebasses. Tout le corps, la tête, les bras sont en mouvement devant le corps de Koudpoko. La transe secouera le village qui entre, se mêle à la danse, serre des mains, hommage collectif, énorme, puissant, émouvant. Une chèvre est égorgée, dépecée et grillée pour les belles-filles. Dans un coin de la cour, des femmes pilent le mil pour le repas des vivants. Tout le jour et toute la nuit, les femmes se relaieront à la danse, les hommes aux calebasses dont les martèlements et les claquements lancinants envelopperont le village.

Puis, au matin, un changement s'annonce. Une agitation soudaine. Les tam-tams muets jusqu'alors rythment puissamment la marche mortuaire. En tête, les fils de Koudpoko portent sur le brancard le corps recouvert du pagne artisanal. Et, dans la poussière du chemin, sous un soleil qui ne désarme pas, ce corps retrouve pour la dernière fois le balancement qui l'animait sa vie durant. Puis viennent les hommes qui accompagnent les fils, dans une agitation frénétique, daba sur l'épaule ou daba brandie, daba symbole du travail de la terre, daba défense en brousse. Les femmes suivent et ferment la marche, en boubous, bébés au dos, agitées par la même frénésie. Ces funérailles-là, c'est l'affaire de toute la famille, de tout un village de tradition animiste.

La procession s'arrête devant le trou dans la terre sèche, impressionnant de solitude et de dénuement. Les femmes s'écartent, place aux hommes ! Des pagnes sont tendus autour du trou et cachent la besogne funéraire, tandis que les belles-filles entament à nouveau leur mouvement balancé, soutenant ensemble la pierre tombale, modeste, simple, qu'elles acheminent lentement vers la tombe. La femme accomplit le dernier geste de la vie, comme elle accomplit le premier, en donnant cette vie. Le canari de la morte est aussi porté près d'elle : le canari, c'est l'eau... l'eau c'est la vie... la vie part avec elle. Alors la terre sèche, soulevée par les bras puissants des hommes noyés de poussière, recouvrira la tombe.

Une calebasse a été posée à terre, quelque menue monnaie

tinte, lancée par des mains charitables, pour l'homme qui a eu le courage d'accomplir cette besogne. Mais tout ici obéit à des règles immuables et l'argent ne pourra servir qu'à acheter du dolo ou un peu de tabac afin d'oublier ce qu'il vient de voir. L'homme recueillera ses pièces et la calebasse sera brisée.

Paix à cette morte que l'on n'oubliera pas, mais qui ne doit pas empêcher la vie ici-bas de continuer. Et elle continue cette vie, cette danse qui les anime tous, qui est dans leurs entrailles, qui va reprendre sans tarder. Vers midi, un spectacle inattendu. Qui a donné le signal du départ ?... Nul ne sait, un élan collectif. Le village s'est soulevé, daba en l'air, tout un monde en marche, en rythme, chant, danse, balancement, en marche vers les diverses concessions appartenant à la famille de la morte. Là, une offrande est faite à chaque famille, aujourd'hui une petite chèvre est tuée devant la porte et sera grillée pour les musiciens ce soir. Offrandes de ces paysans d'Afrique, touchantes dans leur générosité : mouton, coq, poule, pièces de monnaie, mil, canari de dolo... Et l'on repart dans les nuages soulevés par un piétinement insolite et déroutant. Un arrêt à l'ombre du gros manguier de Regma. Une pause pour calmer la soif, reprendre de l'énergie, l'occasion d'une danse plus élaborée, accompagnée par les tam-tams, chants, cris et sifflets. Et le village continuera jusqu'au soir sa marche à travers le dédale des rues.

La sortie angoissante des masques funéraires, tout de noir vêtus, ponctuée par un roulement sourd des tam-tams figera quelque peu les youyous et les danses, et, sous l'arbre à palabres, ils accompliront les derniers rites, aux confins du terrestre et du spirituel, dialogues où se mêlent paroles, chants, cris, sifflements, martèlements de tam-tams dont eux seuls connaissent le secret et qui conduiront Koudpoko au royaume des ancêtres. Alors, la fête des funérailles s'éteindra doucement dans la nuit, les tam-tams perdront de leur vigueur, les chants faibliront.

Benebnooma a mené la danse tout le jour, offert à Koudpoko tout son art, sa puissance de gestes et de voix, relancé bien des fois le rythme qui semblait faiblir, dans la chaleur du jour et la lassitude des corps. Elle ramènera un Koudbi remis sur le dos à la tombée du jour pour un sommeil réparateur.

La vie s'est arrêtée deux jours. A l'entrée de la nuit suivante, si vous étiez passé vers la concession du vieux Zoubi, vous auriez aperçu des ombres fugitives sortir de la cour et se fondre dans la nuit. Le silence complet vous aurait frappé : cases vides, cour désertée. Intrigué, si vous aviez décidé de rester, un froid glacial et une terreur incontrôlée vous auraient certainement saisi car vous auriez vu la forme impalpable de Koudpoko traverser la cour, revenir dans sa case et en repartir avec un objet familier qu'elle venait choisir pour l'accompagner dans l'autre monde. La famille savait cela et avait déserté la concession pour la laisser faire, seule. A l'aube, chacun retrouvait sa case, Koudpoko ne reviendrait plus.

Afrique, tu nous plonges dans l'irréel, tu présentes à notre esprit des énigmes que l'on ne peut résoudre... Là est ton mystère, là est ta puissance.

CHAPITRE VI

Drames ou joies de chacun partagés par une communauté intimement soudée, ainsi va la vie au village...

Les bruits de cette vie sourdent à chaque instant, jalonnent les jours . Martèlement du fer rougi par les *saaba*, les forgerons, maîtres du feu, de la foudre et de la pluie. Danses de la moisson, des *warba*, des *cavaliers rouges*... rythme des calebasses, jeux musicaux d'enfants... roulement des tam-tams, scandant la vie, scandant la mort... tambours d'aisselle, téléphone de la savane à l'écoute des villages voisins. Tous les bruits familiers sont la vie même : pilons dans les mortiers, tintements des seaux métalliques, grincements des charrettes, cris des gens et des bêtes mêlés... toux d'enfants... trop de toux d'enfants...

Les visions journalières se succèdent immuables : femmes en marche, bébés au dos... lavage au puits, au bord des marigots... ronde des margouillats sur les murs écrasés de soleil : corps noir, tête orange oscillant mécaniquement de haut en bas, petits monstres, silencieux, fugitifs d'un monde étrange... fumées qui s'élèvent des concessions... retours des puits, seaux sur la tête...marché bruyant et coloré où s'étalent à même le sol tomates, piments, patates douces, ignames, fagots de petit bois, boules de sel... cochons qui farfouillent, enfants qui jouent dans les tas d'ordures... vieux qui sommeillent sous l'ombrière près de l'âne assoupi...

*

Koudbi grandit dans l'univers de son village, pauvre certes, mais univers fort de ses coutumes et de ses rites millénaires, un univers qui sera toute sa vie, sa source et ses racines, petite enfance protégée de la ville où le Blanc règne en maître.

Trois années ont passé depuis le jour où Benebnooma l'a mis au monde dans un grand cri d'amour. Trois années durant lesquelles elle a joui de ce bel enfant, elle a tremblé pour une toux rebelle, un palu insidieux, une plaie qui n'en finissait pas. Ses petites jambes, comme celles de tous les enfants, ont déjà les marques de quelques cicatrices rondes, oeuvres conjuguées de l'infection qui guérit mal, creuse les chairs et des mouches qui ne laissent aucun répit.

Elle a utilisé tout son pouvoir de griotte quand elle tremblait pour la rougeole menaçante, une fièvre qui le minait. Elle est souvent rentrée très fière de chez ses oncles, là-haut sur la colline, où *tigaris* et chants pleins d'amour s'étaient mêlés. Elle retrouvait son Koudbi apaisé, reposant calmement.

Mais Koudbi a résisté aux menaces mortelles de l'enfance. Son tempérament robuste a été le plus fort et Nobila et Benebnooma s'en réjouissent au fond de leur coeur. Ils mesurent toute leur chance. Celui-ci vivra, ce désir s'était manifesté puissamment en elle la veille de sa délivrance lorsqu'elle avait senti une force prémonitoire. Trois ans, c'est l'âge en Afrique, où tous les espoirs sont permis pour la survie d'un enfant. C'est le cap fatidique que toute mère attend, l'angoisse au coeur. Alors, tous deux se mettent à espérer : il vivra, ils le désirent de toute la force de leur amour.

*

Benebnooma, Mossi fière et forte songe depuis quelque temps à la consécration de son enfant, en qui elle retrouve le sens de l'action de Nobila, son sens à elle de la musique, du rythme qui séduit les petits copains du village. Les vieilles de la cour en parlent aussi entre elles, à mots couverts d'abord, puis plus librement. Le coeur de Benebnooma se serre néanmoins, parce qu'elle sait que son Koudbi va souffrir dans ses chairs. Mais cette souffrance est nécessaire car elle sera fierté plus tard : fierté d'appartenir à la grande famille Koala bien sûr, mais également à la grande famille Mossi, la plus considérable du pays. Il est Mossi de Koudougou, Mossi du quartier Burkina, de la puissante caste des forgerons, les *saaba*. Benebnooma et les femmes de la cour vont lui expliquer... lui expliquer pourquoi Nobila lui-même, ses grands frères, les frères de Nobila et les fils des frères portent tous ces stries régulières qui encadrent le visage jusqu'à la commissure des lèvres. Leurs scarifications diffèrent de celles des Gourounsi à quelques kilomètres à peine. C'est l'identité de l'ethnie qui favorise les mariages, qui permet de se situer dans le pays. Et l'on prépare Koudbi à cela. On ne lui cache pas la souffrance, il deviendra un homme. Il sait qu'il ne devra pas pleurer.

Son esprit se fait à cette idée, s'y prépare. La perspective de la souffrance s'efface peu à peu devant la fierté qui monte. Il refoulera ses larmes, il ne pleurera pas, il s'efforcera d'être le petit d'homme sur lequel tous ceux qui lui sont chers comptent. Tous dans la concession attendent. Chez les oncles de la colline on s'affaire : on connaît bien l'homme qui est chargé de cette noble tâche. On le nomme le *sculpteur*. Il prépare son esprit à cette besogne afin d'atteindre, le jour venu, la perfection dans la finesse des lignes.

Les femmes de la cour sont parties en brousse chercher les plantes qui soignent les plaies. Elles ont une grande connaissance de la pharmacopée traditionnelle, transmise par les anciens. Elles savent les trois propriétés requises pour cette opération : anesthésiques, antiseptiques et cicatrisantes. Ramenées à la concession, les plantes seront brûlées. Réduites en fine poussière dans le mortier, mélangées au beurre de karité, elle constitueront l'onguent parfait.

Et le grand jour de ce baptême singulier, barbare aux yeux de l'Européen, mais empreint de noblesse pour l'Africain, est arrivé. Koudbi, entouré de l'amour des siens, soutenu par toute la famille, tremblant, mais décidé, est là... Tandis que les chœurs des femmes s'élèvent dominés par la voix de Benebnooma, vibrante d'émotion, la première goutte de sang jaillit sous le stylet parfaitement tranchant du sculpteur. Tension des muscles, larmes refoulées, Koudbi résiste... Gouttes de sang aussitôt recouvertes de l'onguent noir. Des gestes secs et précis : stylet, onguent, stylet, onguent... Tressaillement incontrôlé du visage martyrisé. Les chœurs des femmes enflent quand les larmes semblent perler aux paupières. Souffrance d'un enfant pour la fierté d'un peuple... le baptême est consommé. Koudbi est reconnu parmi les siens, entouré, réconforté... Petit visage boursouflé, méconnaissable, douloureux, des chairs à vif dont les marques profondes doivent durer toute une vie et se reconnaître encore sous les rides de la vieillesse. Koudbi a subi tout cela, avec la bravoure de ses trois ans, souffrance dont il ne se souviendra pas, qu'il comprendra plus tard quand il assistera à celle des autres. Ces marques profondes seront la fierté de sa vie.

En ce soir de baptême danses et chants célèbreront le grand jour. Benebnooma qui a soutenu son fils éprouve soudain une grande lassitude. Pour la première fois elle écoutera, sans s'y joindre, étendue sur sa natte, les tam-tams et les chants. Taramignandè, fidèle, l'apaisera par sa présence. Elles contempleront avec amour et compassion Koudbi, abruti de douleur, qui a fini par s'endormir calmé par le breuvage dont elles ont le secret. La fête se poursuivra tard dans la nuit. La tradition aura été respectée.

*

Quelques jours ont passé. Des jours durs où dans l'ombre de la case, les larmes contenues tout au long du baptême, ont coulé librement sous l'intense brûlure de son visage à vif. Larmes de souffrance, secrètes, de l'enfant blotti contre le sein maternel, petit oiseau blessé qui cherche protection. Des trésors de tendresse et d'amour ont fini par tarir ses larmes qui n'ont jamais contenu ni regret, ni révolte. La souffrance passée, l'onguent ayant fait son oeuvre, Koudbi reprend visage humain et sa fierté l'emporte. Les dessins parfaits laissés par le sculpteur font l'admiration de Benebnooma, rassurée, heureuse.

Nobila a laissé volontairement passer ces jours douloureux dans l'intimité de la case maternelle. C'est l'affaire des femmes, la souffrance se cache, elle ne s'exhibe pas. Mais lorsqu'un matin, dans l'aube encore dorée, son fils lui est apparu à la main de sa mère, tel une offrande d'amour, alors son coeur de Mossi et de père n'a pu résister. Il a soulevé bien haut, face au soleil, ce visage nouveau qui avait perdu son anonymat, ce vrai petit Mossi fier et décidé. Leurs yeux se sont rencontrés, complices à jamais, dans la souffrance et dans la joie. Un regard plein d'amour pour Benebnooma qui lui offrait ce visage neuf, aux dessins superbes, et qui avait su lui épargner la transition douloureuse.

Femmes d'Afrique, femmes de travail, femmes de souffrance, femmes trop souvent serviles envers l'homme, maître qu'il faut épargner et combler. Petites filles d'Afrique, tel est le sort qui vous était réservé encore au milieu de ce vingtième siècle.

Les premières apparitions de Koudbi au village avaient été saluées par des exclamations de joie, des claquements de mains, et du haut de ses trois ans, il sentait un changement en lui, une importance qu'il ne se connaissait pas auparavant. Les sourires qu'il rencontrait sur les visages le rendaient heureux et cela s'ajoutait à une gaîté naturelle que chacun appréciait.

Dans les concessions, les mères enviaient cet enfant qui avait déjà sacrifié à la coutume. Elles se prenaient à penser aux leurs, éprouvaient les mêmes angoisses que Benebnooma avant qu'elle n'eût pris sa décision, poussées par les vieilles des cours, toujours premières à vouloir voir se perpétrer les traditions, et déjà les termes méprisants de *joues lisses* ou *joufflues* étaient sur leurs lèvres.

Hélas, ici la rougeole redoutée emportait un enfant sur lequel se fondaient tous les espoirs... Là, c'était une diarrhée tenace qui avait raison d'une jeune vie après un transfert trop tardif vers l'hôpital. Les enfants étaient enterrés très vite, sans fête, sans funérailles, car la mort d'un enfant, en Afrique comme partout au monde, n'est que tristesse et douleur...

*
* *

CHAPITRE VII

Koudbi grandissait et délaissait plus fréquemment la cour familiale pour s'échapper vers les concessions voisines, autour de la forge, retrouver les enfants du quartier. Benebnooma le ramenait souvent endormi sur son dos, dans le soir qui tombait. Elle ne s'inquiétait pas trop, car l'enfant de chacun est un peu l'enfant de tous et le repas de tous se partage avec l'enfant qui passe. Lui aimait partir avec sa mère, main dans la main, grimpant la colline, s'amusant à effaroucher les oiseaux. Il connaissait bien le chemin des oncles qui l'accueillaient affectueusement. Sur une petite calebasse, il s'essayait aux rythmes appris de sa mère, sa cadence était sûre, son oreille juste.

Il éprouvait une amitié particulière pour l'un de ses oncles, le plus vieux, qui portait de vilaines balafres sur le front et sur la joue. Elles n'avaient rien de comparable, il le savait maintenant, aux fines lignes régulières qui couraient sur son visage. Et l'oncle lui racontait. Et l'enfant ne se lassait jamais d'écouter comment, à son âge, une panthère l'avait attaqué dans la forêt qui couvrait alors le nord du pays. Les panthères, les lions, la forêt vierge, tout cela laissait Koudbi rêveur. Souvent la nuit il rêvait de combats farouches où cette panthère le terrassait. Quatre-vingts ans de vie !

Toi, petit enfant d'Afrique, tu ne pouvais réaliser que cette époque était si proche et que la perte de cette forêt, oeuvre conjuguée de l'homme et de la nature implacable dans sa sécheresse, était un désastre pour le pays. Tu ne connaîtras jamais la forêt aux mille plantes, aux arbres géants, aux lianes inextricables, foisonnement du règne végétal, du règne animal. Tu apprenais que lions et panthères approchaient la nuit des belles maisons des Blancs, quelques-uns n'échappant pas au fusil meurtrier. Petit enfant, tu ignorais le massacre des éléphants dont l'ivoire précieux se vendrait bien cher là-bas, au loin, dans les pays du nord.

Bien sûr, tu avais vu, dans les rues du village, cet étrange animal bossu conduit par l'homme en noir, venu du pays des vents de sable, dont le visage enturbanné ne laissait voir que les yeux. A chaque apparition, c'était la même joie. Tu avais touché, caressé, et pour ton plus grand bonheur, ton grand frère t'avait hissé sur l'énorme bosse. Si haut perché tu te sentais maître du monde !

Un jour aussi, Nobila t'avait emmené dans un village voisin contempler dans une mare sacrée les vieux crocodiles qui mouraient de vieillesse, respectant ainsi la légende. Il était dit que la mort volontaire de l'un de ces animaux sacrés serait payée de la vie d'un villageois ! Ils ne t'avaient pas paru très méchants ces crocodiles mangeurs d'hommes dont la peau, très prisée par l'homme blanc, partait aussi vers les pays du nord. Ton père t'avait même assis à cheval, un peu tremblant tout de même, sur le dos d'un des plus pacifiques ! Petit enfant d'Afrique, tu ne pouvais déjà plus découvrir ton pays qu'au travers de quelques spécimens exhibés comme des animaux de foire.

*

Aujourd'hui, Koudbi est parti à travers les rues du village. Son esprit curieux et son caractère sociable adorent ces vagabondages. Un copain par ci, un copain par là, et la petite bande, pantalons effrangés, trop longs ou trop courts, en habits de misère, à l'affût de nouveauté, déambule au hasard dans la poussière. Là-bas, devant la cour de Joseph, un attroupement... Jérôme, Maurice, Robert, les grands de la cour, leurs frères et soeurs, pétrissent avec bonheur l'eau et la terre pour en faire une boue malléable. Quelle aubaine pour Koudbi et ses petits amis ! Jérôme et Robert, les maîtres d'oeuvre ont commencé à monter les murs d'une de ces constructions miniatures qui vont fleurir devant les concessions des fidèles de l'église de la Mission. Ce sont les crèches de Noël des Mossi catholiques. Nées de l'imagination des enfants, elles se veulent toutes plus belles les unes que les autres. Petites maisons au toit de paille dans lesquels les jeunes artistes déposeront les personnages de la crèche modelés de leurs propres mains. Crèches de Noël debout sous le soleil d'Afrique jusqu'en juin. La saison des pluies en aura vite raison.

Koudbi et ses amis ont trouvé là une occupation qui les ravit. Si la signification leur échappe, le plaisir de modeler les retient tout l'après-midi. Benebnooma sait où trouver son fils quand le jour décline et que l'instinct de mère la pousse à partir à sa recherche.

Depuis quelque temps elle éprouve une inquiétude qui ne lui est pas habituelle et qu'elle maîtrise difficilement. Une indéfinissable douleur dans la poitrine l'oblige parfois à interrompre son travail... Angoisse qu'elle garde pour elle mais à laquelle elle n'est pas préparée.

Noël est arrivé. A minuit, la messe a rassemblé les fidèles à l'église de la Mission. C'est aussi la nuit des baptêmes et les bébés, tout de blanc vêtus, ont reçu la consécration des mains du Père blanc au milieu des prières et des chants, tandis que les tam-tams qui rythmaient les danses traditionnelles faisaient vibrer la nef toute entière.

Puis, hommes, femmes et enfants, en habits neufs se sont rassemblés à nouveau pour la messe du matin. Dans les concessions, le riz a remplacé le tô. Pintades et poulets grillés ont quelquefois amélioré le menu. Nul jouet, nulle gâterie, les enfants ignorent tout cela. Mais il y a eu danse au village. Les tam-tams ont résonné aux côtés des calebasses.

Dans le silence de cette nuit de Noël, Benebnooma, calme et détendue, pleine d'un désir contenu, porte ses attentes vers Nobila, vers cet amour qui la possède, dont elle jouira bientôt, avec la puissance de vie qu'elle met dans tout ce qu'elle accomplit.

*

Koudbi, le petit vagabond, admire au passage toutes les crèches qui ont fait sa joie. Ce matin, il sautille allègrement pour retrouver Sigbou, dans la cour de Taramignandè. Son pied a déniché une vieille boîte rouillée, ballon improvisé qu'il poussera jusqu'à la concession du vieux Zoubi. Une charrette attelée à un âne se tient à l'entrée de la cour. Etonné, il s'arrête...

Il se souvient alors de la mort de la vieille Koudpoko, de cette longue journée de funérailles où il a couru et dansé, seul avec les grands pour la première fois. Auprès de la case de la morte, justement, des inconnus s'affairent : calebasses, cuvettes, seaux, pagnes sont portés jusqu'à la charrette. Etrange défilé pour cet enfant, car au village, tous les visages lui sont familiers. Il assiste sans le comprendre au dernier acte des funérailles de Koudpoko. La famille de sa naissance vient aujourd'hui reprendre tous les objets lui ayant appartenu. Tout est bien fini. Rien de matériel ne rappellera ici au village la vieille Koudpoko. On pourra à nouveau se servir de sa case. La petite charrette s'éloigne. Sa curiosité satisfaite, Koudbi, insouciant des problèmes de la vie, de la mort, reprend sa vieille boîte et son jeu endiablé qu'il accompagne d'un sifflement joyeux jusqu'à la cour de Sigbou.

*

Dès le lever du jour, avant l'écrasante chaleur, Benebnooma et Taramignandè sont parties côte à côte, même calebasse sur la tête, même démarche souple, même cambrure du corps. La distance qui les sépare de la brousse ne leur fait pas peur. Elles font si souvent ce chemin ! Des singes dérangés cabriolent d'un arbre à l'autre, derrières roses à l'air, queues enroulées, ruse, vivacité, comique des gestes... rien ne manque à ces petits compagnons de brousse qu'elles aiment bien et qui les amusent. L'inquiétude, pourtant, les unit ce matin. Benebnooma s'est confiée à son amie lui parlant de ces douleurs inhabituelles. Jusqu'à présent, elle avait gardé pour elle cette angoisse, mais le secret n'a pas résisté longtemps à l'amitié et à la confiance qui les lient. Elle a trouvé, comme toujours, en Taramignandè, le réconfort dont elle avait besoin. Fortes de leurs grandes connaissances des plantes, elles vont à la recherche de celles qu'elles jugent utiles, évitant au passage les abeilles qui tournent autour des ruches de terre installées dans les arbres. Les calebasses sont bientôt pleines et le retour, dans la chaleur qui monte, leur paraît bien long. Qu'importe, elles ramènent les précieuses plantes dont elles attendent un soulagement certain.

Toute la cour est levée quand elles arrivent. Koudbi qui n'a pas vu sa mère au réveil, la retrouve avec joie. Les bruits familiers du matin les accueillent. Nobila, déjà au travail, ne s'étonne pas de ce retour matinal, fréquent pour les femmes.

Bien décidée à cacher à Nobila son inquiétude le plus longtemps possible pour lui éviter un tourment peut-être inutile, elle a décidé de se soigner seule... Les douleurs seront passagères. Les deux amies ont trié, mis à sécher, fait infuser, pour soulager, voire guérir. Secrets de femmes, confiance totale en cette nature généreuse qu'elles savent utiliser.

La nuit est tombée depuis longtemps déjà, les derniers murmures se taisent. Benebnooma se réjouit à l'idée que Nobila ne viendra pas ce soir. Une vague douleur l'a reprise. Elle a longuement bu la décoction soigneusement préparée et posé sur sa poitrine un cataplasme des feuilles infusées. La douleur n'est pas forte, mais son esprit vagabonde... la maladie qu'elle n'a jamais connue... l'hôpital... les docteurs là-bas, si loin, dans la capitale...pour les Blancs. Quelle est donc cette malédiction qui s'abat sur sa famille, en sa personne ? Elle, la griotte, partie si souvent sur la colline mêler sa voix aux incantations des oncles afin de conjurer le mauvais sort qui s'abattait sur les autres, est-il possible que ce mauvais sort s'abatte aujourd'hui sur elle ? Elle mettra tout en oeuvre pour sauver la vie dont elle veut jouir longtemps encore, la vie qu'elle a tant de plaisir à partager avec Nobila, la vie dont ont besoin ses enfants et ce petit Koudbi, le dernier. La douleur s'est apaisée. Elle s'endort, plus confiante.

Au petit jour, elle a pilé son mil avec les co-épouses, elle a roulé les nattes de la nuit, confié Koudbi à Nobila qui refait les manches des dabas, un Koudbi tout heureux de manipuler pointes et marteaux. Elle a choisi son plus beau pagne et quitté sa cour. Sur la colline, un vieil oncle est mort, cette nuit. Sa place est là-haut, pour partager la peine et préparer la cérémonie des funérailles. Sa longue silhouette s'est profilée sur la colline dont elle connaît chaque buisson, chaque détour : le *nême* à l'ombre duquel elle peut se reposer, le grand baobab qui annonce le puits, la masse sombre des manguiers qui délimitent la concession des oncles.

Du village, les femmes commencent à monter... Sous le baobab une douleur fulgurante dans sa poitrine freine sa marche. Contre le tronc noueux, elle cherche son souffle, le visage crispé de douleur et d'épouvante. Brusquement elle s'écroule, inerte, à l'ombre des branchages... Les femmes accourent. Quelques cris. Un bras soulevé retombe. L'eau fraîche du puits tout proche reste sans effet sur le visage, sur les mains sans vie. Un sentiment d'irréparable. La vie a basculé.

Dans ce coin de brousse, loin de tout secours, l'horreur pétrifie le visage des femmes qui ont entendu les cris, des oncles sortis de la concession... Les mains se portent sur les bouches et une plainte d'une tristesse infinie résonne jusqu'au village.

Taramignandè court dans le froufrou des pagnes bigarrés. Cette plainte lui serre le coeur alors qu'elle dépasse la forge. Le baobab, là-bas, l'attroupement, les cris et là... la forme allongée qu'elle devine, qu'elle reconnaît. Sa douleur éclate en lourds sanglots qu'elle ne peut retenir. Soudain, ses yeux embués de larmes aperçoivent Koudbi, toujours à l'affût dans les jambes de Nobila... Alors elle arrache l'enfant éberlué, dans ses bras serrés. Elle redescend la colline avec ce fardeau inondé de larmes, fardeau qui ne lui avait jamais été aussi précieux.

Paraté, le buteur

KOUDBI... dit FRANÇOIS-XAVIER

1953... 1984

de la Haute-Volta au Burkina Faso

du Quartier Burkina au Secteur Dix

CHAPITRE I

Le village a retrouvé son calme après ces journées d'intense tristesse, après ce choc terrible. Benebnooma a été portée près de ses ancêtres, dans le petit cimetière de la grande famille, pas très loin de la route, où les morts sont entre eux, où l'on n'aime pas les déranger, où une curiosité morbide de la part d'étrangers serait mal venue.

Pas de fête de funérailles pour cette mort tragique. Benebnooma était trop jeune et belle. Sa vie si riche, si prometteuse encore, brusquement arrêtée, qui songerait, comme pour toute jeunesse qui s'envole, fêter cela au son des chants et des tam-tams ? Certes, l'âme de Benebnooma, comme celle de ses ancêtres, se confondra dans *l'eau qui coule, l'arbre qui frémit, le bois qui gémit...* Mais elle n'avait pas le droit d'entrer si jeune au Royaume des morts. Qu'y faisait-elle au milieu de ces vieux qui avaient acquis la sagesse de l'âge ? Troublait-elle leur quiétude immuable ?

Taramignandè, comme tous ceux qui aiment sans égoïsme, pense que cette amie n'aura pas connu la déchéance physique des corps fatigués, usés par les grossesses, délaissés par les hommes. Elle sait que Benebnooma est morte belle, jeune, désirable. Son souvenir ne sera jamais terni par la vieillesse. Peut-être aurait-elle préféré cela ?

Nobila a surmonté l'épreuve. Les grandes douleurs ne s'exhibent pas. La fatalité n'ôte ni la dignité, ni le respect de soi. Les yeux rieurs se voilaient souvent de tristesse et s'embuaient de larmes réprimées quand Koudbi, perdu et inquiet, venait s'asseoir près de lui. Alors, entre hommes, sans plainte ni faiblesse, il savait, avec amour, lui parler de sa mère qui était partie pour toujours, qu'il ne reverrait plus, mais qu'il devait garder présente à jamais au fond de son coeur.

Et, dans la cour bruyante d'enfants où il était né, Koudbi retrouvait ses *petites mères*, Nopoko et Wuogo, ses frères et soeurs, ses oncles et leurs femmes, partageant vie, repas, jeux, communauté. Sur ce continent, l'enfant sans mère est l'enfant de tous, une mère remplace l'autre, on partage les choses de la vie, on partage l'affection.

Et puis, Koudbi avait son père, avec qui il dormait souvent. Celui-ci était devenu son refuge, son point de repère, le lien qui prolongeait le souvenir de cette mère dont l'image dans son esprit si jeune encore, se faisait plus imprécise. Et une nouvelle vie commence pour Koudbi.

*

Orphelin ! Ce terme brutal qui évoque le manque cruel d'amour, il ne le ressent pas. La sécurité que tout enfant reçoit sans partage de sa mère, il la trouve auprès de tous et n'éprouve aucun sentiment de jalousie envers ceux qui ont la chance d'avoir encore leur propre mère. Il s'épanouit dans le partage et l'amitié. L'envie de découverte qui l'anime depuis sa plus tendre enfance, se traduit par un vif désir d'aller à l'école, d'y trouver des amis, de se plonger dans les images des livres.

Koudbi est trop jeune pour fréquenter l'école du Centre A, en ville, qui ne reçoit pas encore les petits. Là, encore sous la domination coloniale, les maîtres africains apprennent à leurs enfants la vie de "*leurs ancêtres, les Gaulois*" et les font rêver devant la mère patrie, la France, dont ils imaginent difficilement la beauté, la verte parure, la douceur de climat.

Mais Nobila veut faire plaisir à son enfant et faisant fi de ses croyances animistes, il va présenter son fils à l'école des Pères blancs de la Mission catholique. Hélas, notre Koudbi n'a pas les sept ans requis. Les Pères le déplorent aussi, pressentant dans le regard la personnalité d'un enfant qui va les intéresser tout particulièrement.

Koudbi oublie vite sa déception. Son besoin d'agir il le partage avec ses copains du village. La grande famille Koala s'étend sur deux quartiers. Là-haut, sur la colline, *Tanzougou*, habitent les oncles, qui possèdent les *tigari*, gris-gris qui repoussent les maléfices des sorciers. Ce sont les *Tanzoug ramba*, les gens de la colline. En bas, les *Longuin*, les gens du creux, dont fait partie la grande concession de Nobila. Kibsi, de l'âge de Koudbi, est chef des *Tanzoug ramba*. Ouinoaga est secrétaire général de Kibsi. Kouliga est chef chez les *Longuin*, Koudbi, secrétaire général.

Ce matin ce sont les *Tanzoug ramba* qui reçoivent les *Longuin*. Koudbi aime bien aller chez eux. Il y retrouve confusément la présence de sa mère ; il croit entendre sa voix qui l'enchantait. Les grands ont déserté la concession, occupés aux semailles, en ce début de saison des pluies. Les jeunes s'emparent des calebasses vides qui traînent dans la cour. Ils tapent comme ils ont si souvent vu faire les grands au village. Chacun affirme son style, module à son gré. Les calebasses vibrent. Les chants qui ont bercé leur enfance accompagnent les battements. Nul maître pour les entraîner, nul besoin d'apprentissage. Le temps ne compte plus. Insouciants de l'heure, la faim seule aura raison de leur musique et les fera s'égailler vers les concessions où tous n'auront pas la chance de trouver le tô pour satisfaire leurs appétits. Comment s'étonner de ce génie musical africain enraciné dans les profondeurs de l'enfance ?

Quatorze heures. La chaleur est écrasante. Bêtes et gens dorment sous l'ombrière. Le village tout entier retient son souffle pour vivre au mieux ces heures étouffantes. C'est l'heure bénie des margouillats, grands amateurs de soleil, qui profitent de ce précieux silence pour glisser à leur aise sur la crête des murs de terre ou encore se cacher sous la paille des greniers à mil qu'ils affectionnent. Les gros mâles orange et noir , les femelles grises, au ventre souvent plein d'oeufs, sillonnent inlassablement les murs à des vitesses étourdissantes. Mais la bande des enfants qui ne craint ni la chaleur, ni la fatigue, veille ! Depuis un moment, sous le manguier près de la forge, ils ont bâti leur plan d'attaque pour une chasse aux margouillats qui fait toute leur joie et leur régal. Leur plan de campagne est prêt, la réussite assurée. Par petits groupes de six, dans le plus grand silence, ils prennent position autour d'une concession. Chacun connaît sa place. Les ombres dures se profilent sur la lumière crue du soleil implacable.

Deux chasseurs surveillent l'extérieur des murs, deux l'intérieur. Lance-pierres à la main, ils sont prêts à tirer. Deux rabatteurs se mettent en chasse, l'un à l'intérieur, l'autre à l'extérieur. Ennemi en vue ! Ils donnent le signal aux chasseurs, font grand bruit, traquent la victime qui tombe sous les projectiles. Les malheureux margouillats, si rapides soient-ils, ne peuvent éviter le piège. Quelle aubaine pour ces enfants ! Au soir, ils allument un feu entre deux pierres. Les lézards passés légèrement à la flamme sont écaillés puis grillés. La bande obéira aux règles que nul ne cherchera à transgresser. La répartition se fait au mérite de l'âge : les plus âgés reçoivent la queue et les pattes arrière, morceaux de choix. Les cadets, les pattes de devant et les plus jeunes doivent se contenter du tronc, le plus dur, où la chair est plus rare. Les têtes que l'on ne mange pas feront le régal des cochons fouineurs ou des chiens errants. Le mâle noir et orange est un mets de choix, convoité par tous ! Les oeufs de la femelle sont frits par les aînés avec les queues des mâles. Nulle contestation, chacun se régale de ce auquel il a droit, espérant toujours grandir très vite pour rejoindre le clan des plus avantagés.

Chasse aux margouillats que les adultes réservent aux enfants, et qui enchante leur jeunesse. Koudbi en a des souvenirs inoubliables. Elle a souvent peuplé ses rêves d'enfant.

*

Au village, le vieux Zoubi a rejoint peu après Koudpoko, le pays des ancêtres. Sur ces terres pauvres du Boulkiemdé, les gens mal nourris, souvent usés par les conditions terribles que la vie et le climat imposent, vieillissent et s'en vont trop vite. Il a été porté en terre selon les mêmes rites animistes et la famille tout entière a pleuré cette sagesse perdue pour les jeunes, cette sagesse reçue par eux avec la plus grande déférence. Ne dit-on pas, là-bas, sous les tropiques : "*un vieux qui meurt est une bibliothèque qui s'écroule.*" Pourtant la famille, trop pauvre, n'a pu lui faire aussitôt la fête des funérailles et glorifier ainsi son entrée au Royaume des ancêtres. Le temps a passé. *Piyé* et *pissi* ont réussi à s'entasser et la famille va pouvoir, une année plus tard, acheter le mil rouge qui, germé, servira à confectionner le dolo qui réconfortera chanteurs et danseurs. Quelques chèvres et moutons bêlent dans un coin de cour, attendant le jour de leur sacrifice pour satisfaire les appétits au cours de la fête.

Koudbi, Ouinoaga, Kibsi et Kouliga ne tiennent plus en

place. Tous les copains du village sont mobilisés et là-haut, chez les *Tanzoug ramba*, la musique résonne très souvent. Il s'agit de faire honneur au vieux Zoubi, et de montrer aux musiciens chevronnés que la relève est assurée. Elles furent belles, les funérailles du vieux Zoubi ! Le souvenir en restera longtemps gravé dans les mémoires. Toute la journée et toute la nuit, leurs chants et leurs percussions se sont confondus à ceux des grands. Si les compliments sont rares sur ce continent où les sentiments s'expriment avec grande retenue, ils ont pu lire dans les yeux des aînés la joie et l'admiration. Ils ont tous mangé à leur faim à cette occasion, dévoré à pleines dents la viande grillée qu'on ne leur a pas ménagée, bu quelques calebasses de dolo. Nos musiciens ont eu tout loisir d'exercer leurs talents, rentrant au petit matin, fourbus, mais heureux d'avoir mis leur génie musical au service de la collectivité.

Enfance pauvre. La grande famille a beaucoup de bouches à nourrir et Koudbi n'assouvit pas toujours sa faim d'enfant robuste. Mais quelle richesse d'amitié, de partage ! Il se révèle être un meneur qui n'inspire aucune jalousie autour de lui. Sa bonne humeur et sa gentillesse en font le copain apprécié auprès duquel on recherche avis et conseils. Heures inoubliables de cette enfance qui le marqueront profondément.

Le soir, après ces longues journées de fièvre où Koudbi avait assouvi ses goûts de chef et d'indépendance, c'est souvent vers son père qu'il allait tout naturellement. Le père écoutait avec bonheur les récits de son fils dans sa langue natale, la seule qu'ils connaissaient tous deux, récits qui se perdaient le plus souvent dans l'inconscience du sommeil. Alors Nobila l'allongeait, puis s'étendait à ses côtés et dans l'obscurité de la case, sa pensée s'élevait toujours vers Benebnooma qui l'avait quitté trop tôt, lui léguant ce fils dont il était fier. Il sentait alors très fort que leur attachement réciproque durerait toujours.

*

* *

Koudbi et son père Nobila tressent un séco dans la concession familiale.

La préparation du compost du jardin scolaire.

Un « arbre à étages ».

La pompe du jardin scolaire.

Sous le manguier, les femmes pilent le mil.

La cantine scolaire.

Maman et son bébé appliquée à écrire.

Une « classe verte »...

Une classe-paillote très chargée...

Des élèves appliqués.

Une monitrice et ses élèves.

La foire aux livres dans la classe-paillote.

Une concession familiale.

Les anciens en tenue de fête vont inaugurer l'école.

Le paysan salue avec sa daba le groupe **Saaba**.

Les **Saaba** *en pleine action...*

CHAPITRE II

Taramignandè s'émeut toujours en la présence de Koudbi. Son coeur se serre à l'évocation de Benebnooma qui n'assiste pas à l'éclosion de cette personnalité si attachante. Sans le laisser paraître, elle chérit cet enfant, fils de l'amie perdue à jamais, et garde sur lui une attention toute particulière. Sigbou reste un grand copain, très fier d'appartenir à la bande des *Longuin*. Ses avis sont toujours pris en considération par Koudbi et il voue à ce dernier une admiration sans bornes.

Ce matin, Taramignandè a préparé les arachides et décidé de confectionner des *courou-courou*, beignets en couronnes qu'elle ira vendre au marché de la ville. Le "téléphone" a bien fonctionné entre Sigbou, Koudbi, Ouinoaga, Kouliga et les copains. Gourmands de toute friandise qui se prépare, ceux qui n'ont pas eu la chance hier soir de goûter aux galettes de *sésame* dans la cour de Nobila sont conviés au festin. Les mains expertes des garçons et des filles s'attaquent au décorticage des graines. Taramignandè prépare le feu. Puis sur la table de pierre, en cadence, les filles aideront à manier longuement les mortiers qui transformeront peu à peu la chair huileuse en une pâte lisse et odorante que les enfants malaxeront avec plaisir. Cette pâte sera récupérée dans un grand plat de terre à l'aide de la large spatule qui raclera la pierre avec soin pour ne rien laisser perdre. Les doigts seront sucés consciencieusement. Les garçons s'activent autour du feu sur lequel on posera tout à l'heure la bassine à friture. Sur une planchette, Taramignandè roule des cordons longs et réguliers qu'elle arrondit en couronnes. Ils grésilleront dans la friture bouillante. Les yeux émerveillés verront bientôt s'empiler ces *colombins* bien dorés.

Quand la pâte sera épuisée, quand Taramignandè aura essuyé avec le bas de son pagne la sueur qui coule de son front luisant, chacun repartira, son gâteau au bout des doigts, vers d'autres aventures.

*

Pendant que la vie des jeunes du quartier s'organise ainsi, empirique, passionnante et pleine d'imprévus, pendant que les amitiés se nouent au rythme des fêtes, des funérailles, des chasses aux lapins en brousse, aux crapauds et aux grenouilles dans les mares, à la saison des pluies, là-bas à la Mission, les Pères blancs s'interrogent.

La nouvelle de ce jeune Koudbi, meneur intelligent qui sait canaliser la vitalité de tous ses copains, est arrivée jusqu'à eux et les fait réfléchir. Ils se souviennent très bien de ce bel enfant, orphelin de mère, au regard décidé, portant fièrement les scarifications de son ethnie Mossi.

Or, le clergé vient de créer en France une organisation de jeunes catholiques, les Coeurs Vaillants, pour permettre à ces derniers de se retrouver au cours de sorties, de réunions et y mettre ainsi leur foi en commun. Les missions africaines ont été invitées à implanter des sections dans leurs communautés. Les qualités de cet enfant aideraient sûrement à la réussite de leurs projets ! Le garçon ignore tout de ce Dieu qu'ils adorent. Cependant, l'esprit d'un enfant est malléable. Il ne pèche que par ignorance. Il leur suffira de l'amener tout doucement vers leur connaissance divine.

Et, pour la première fois, Koudbi entend parler des Coeurs Vaillants par les petits copains catholiques de la bande. Sa surprise est grande de découvrir, un jour, dans la cour familiale, un Père blanc qui discute avec Nobila, très fier de cette visite qui honore la famille. Son fils semble intéresser la mission catholique ? Sa fierté s'en trouve renforcée et il juge vite que cela ne peut que l'aider.

Le pouvoir des Blancs est considérable, la misère des villages est extrême et Nobila entrevoit là un avenir peut-être meilleur pour son enfant. La main blanche et douce qui caresse les cheveux de Koudbi réchauffe le coeur du père et du fils, peu habitués à cette tendresse, et achève de les conquérir.

Et une page se tourne dans la jeune vie de Koudbi... Son âme de chef et de meneur trouve dans les Coeurs Vaillants un nouvel exutoire. Avec enthousiasme il prend la tête de leur organisation dans le village. Bien sûr, il ressent confusément les premières contraintes dans la totale indépendance qui a guidé sa vie jusqu'à présent. Il faut obéir à des règles précises, programmer les sorties pour le jeudi, fixer les réunions à des heures imposées, mais il s'y plie avec bonne humeur et les Pères blancs se félicitent de leur choix. Koudbi assiste aussi avec beaucoup de sérieux aux réunions et se passionne pour les récits bibliques qu'un prêtre traduit en mooré à tous ces enfants qui ne connaissent encore que la langue de leur famille.

Si ces premières contraintes ne l'affectent pas trop, parce que les jeux du quartier lui assurent l'indépendance qui reste sa nature profonde, une autre tranche de sa vie se prépare à son insu...

Depuis le jour où Nobila l'a conduit, trop jeune, à la Mission pour satisfaire sa soif d'apprendre, Koudbi, passionné par les *Longuin* et les *Tanzoug ramba* a complètement oublié l'école... Le petit Koudbi grandit et ne réalise pas qu'il vit les dernières heures de la grande liberté qui aura caractérisé sa jeune enfance.

A la ville, les instituteurs africains, formés par les cadres français, sentent déjà s'éveiller en eux les prémices d'une indépendance à laquelle ils se préparent avec foi et détermination. Ils ont réussi à ouvrir une classe de grands qu'ils préparent au Certificat d'Etudes et sont bien décidés à accueillir les plus jeunes pour les initier à la lecture mais aussi à l'apprentissage du français. Alors, patiemment et avec méthode, ils décident de prospecter la ville et les quartiers alentour pour recruter les candidats éventuels. Les enfants de sept ans non scolarisés ne manquent pas, mais il faut décider les familles presque toutes analphabètes qui ne comprennent pas la nécessité de l'école ou qui la considèrent trop souvent réservée à une caste privilégiée.

C'est ainsi qu'une autre surprise attend Koudbi dans la cour familiale, un jour de janvier. Ouinoaga, tout excité, vient lui apprendre que des instituteurs africains sont en train de recruter des enfants de sept ans pour l'ouverture d'une classe de Cours Préparatoire à l'école du Centre, en ville. Koudbi se charge aussitôt de transmettre le message à ceux du *Longuin*,

Kibsi aux *Tanzoug ramba*. Le Quartier Burkina tout entier est bientôt informé de cette grande nouvelle. Beaucoup d'enfants de la petite bande se verront ouvrir les portes de l'Ecole ! La joie de Koudbi est immense. Le désir que son père n'avait pu satisfaire se réalise enfin.

Fin janvier sonnent les dernières heures de liberté pour tous les copains et déjà, leurs conversations s'alimentent autour de cette nouvelle vie qui les attend, avec toute la naïveté de leur âge.

*

En février, la nouvelle classe de quatre-vingts enfants peut s'ouvrir, animée par la foi et la détermination d'un instituteur habitué à ces classes surchargées où la discipline stricte et l'obéissance doivent régner. Koudbi reçoit son premier livre prêté par l'Administration coloniale. Il se plongera avec délices dans cet abécédaire qui n'aura bientôt plus de secrets pour lui. Son cerveau tout neuf, bien équilibré assimilera sans difficulté le français, langue nouvelle qu'il maniera très vite dans le parler et dans l'écrit.

La routine s'installe dans sa vie d'écolier. Ses *petites mères* veillent à son départ à sept heures avec les enfants du quartier. S'il reste du tô, il satisfait son appétit du matin. Sinon, comme beaucoup d'autres, il attend la cantine du midi. Il découvre les horaires fixes, les récréations où la classe se défoule et oublie l'intransigeance de la discipline imposée. Un souvenir de liberté vite réprimé par un coup de sifflet qui interrompt brutalement les ébats. Les retours à cinq heures s'émaillent, bien sûr, de quelques escapades. L'inquiétude de Nobila se dissipe à la vue de son fils poussiéreux, suant et heureux.

Les jeudis et les temps libres, il les consacre aux Coeurs Vaillants qu'il anime avec enthousiasme, sous l'oeil bienveillant des Pères blancs qui se réjouissent du concours de cet esprit intelligent et réceptif.

La lecture assimilée, il abordera alors les premières notions de grammaire et de calcul et il rêvera à son tour devant cette *mère patrie* qui vivra, dans son imagination, comme une merveille inaccessible.

Tout à l'écoute de ses maîtres, il ne s'inquiète guère ni des longs bureaux miséreux où les élèves se serrent pour que chacun ait sa place, ni des après-midi étouffantes où, dans l'atroce chaleur qui sévit, les odeurs fortes de transpiration dans le confinement des classes obligent souvent l'instituteur incommodé à parler devant la porte ouverte.

Les dimanches matins, il aime se retrouver à l'église de la Mission, avec les copains des Coeurs Vaillants, sensible aux prières collectives, à cette odeur d'encens si délicate, à ce cérémonial catholique qui le fascine, à cette force spirituelle qui grandit en lui. Les jeudis, après le catéchisme, sur le chemin du retour vers la concession familiale, il suce le bonbon, friandise combien rare et appréciée, que le Père blanc lui a donné en récompense de son écoute attentive, de ses réponses pertinentes.

Nobila et sa famille, animistes depuis toujours se sont bien sûr étonnés de la nouvelle vocation de Koudbi. Mais dans ces familles où la misère est grande et les enfants nombreux, l'avenir se borne le plus souvent aux tâches domestiques épuisantes pour les filles, au travail précaire de la terre pour les garçons. Alors, comment résister aux visites fréquentes des Pères blancs qui s'intéressent tant à Koudbi, et font espérer pour lui un avenir meilleur ? Nobila, sensible plus que tout autre à la considération portée à ce fils affectionné, s'en réjouit. Koudbi est heureux, là est l'essentiel pour lui.

Dans sa douxième année, Koudbi, empreint de cette connaissance religieuse que les prêtres lui ont patiemment fait découvrir, reçoit le sacrement du baptême. Il se plie à tous les rites, accepte volontiers toutes les exigences des Pères : il doit abandonner son prénom africain. Il reconnaît que les prénoms africains sont païens. Il a honte d'avoir porté le sien si longtemps. Désormais, il s'appellera *François-Xavier*.

Sa spiritualité chrétienne, son travail scolaire qu'il aime et réussit ne le soustraient pas à la vie difficile des enfants pauvres. La grande famille a beaucoup de bouches à nourrir et ne peut toujours y subvenir. Et comme la plupart des camarades qui partagent ses jeux dans son quartier, il se débrouille pour gagner un peu d'argent en ville, au marché ou dans les lieux publics.

Il n'était pas rare, au temps où la cantine avait disparu, de trouver notre François-Xavier et ses copains tourner autour des pauvres restaurants à la fin du marché. Ils attendaient que les femmes leur donnent à récurer les grandes marmites vides ayant contenu riz ou sauce que les clients avaient emportés dans leur gamelle pour quelques sous. Les jeudis et les dimanches, on les retrouvait autour de la gare, aidant à pousser les charrettes à bagages des voyageurs. Ils s'organisaient pour acheter à quelque grossiste des noix de kola bon marché et parcouraient la ville, ou se tenaient à la gare, au départ des taxis-brousse, pour vendre ce stimulant très prisé. Ces journées-là étaient bonnes.

Ce qui lui coûtait le plus quand la faim le tenaillait trop, c'était de porter le lourd cartable du fils du fonctionnaire. Il savait que celui-ci, moins bon élève en classe, l'humiliait de cette façon et il supportait difficilement l'affront. Aussi quand à l'arrivée, la mère lui offrait pour le remercier une assiette de tô ou de riz chaud, il partait honteux manger à l'abri de leurs regards.

Réussite méritoire de ces jeunes qui voulaient s'en sortir. Il fallait emmagasiner les connaissances acquises dans des conditions rigides de discipline et d'obéissance, mais il fallait également songer à sa survie. L'Africain dit dans sa grande sagesse : *"on partage quand il y en a ; s'il n'y en a pas, on s'en passe !"* S'en passer, c'était difficile à douze ans quand l'occasion était offerte de manger, même au prix de sa propre dignité !

Malgré tout cela, François-Xavier se satisfait de sa condition. Les livres qui lui sont prêtés aux rentrées scolaires le fascinent et si le maître est sévère, il le juge juste et digne de toute sa confiance. Il pense souvent à son cousin Théo, élève d'un village de brousse, qui tous les jours parcourt les six kilomètres le séparant de l'école en courant, pour être à l'heure. Dans sa classe d'apprentissage de la lecture, il n'y avait qu'un livre pour six élèves. Celui qui ne pouvait voir le livre devait néanmoins enchaîner quand son tour arrivait. Il lui fallait déployer des trésors d'adresse et de débrouillardise pour éviter le coup de règle qui aurait ponctué toute hésitation. Il repense aussi à l'apprentissage des tables de multiplications que lui avait décrit Théo : le maître leur avait distribué des cahiers qui portaient, au dos des couvertures, les tables d'additions et de multiplications. Il avait enfermé ses élèves dans la classe avec leurs cahiers, durant deux jours et deux nuits, sans manger. Les familles entouraient l'école, pour voir... A la fin de cette épreuve, le maître était entré, avait vérifié les ardoises. Quelques coups de règle aient corrigé les erreurs, mais la classe entière connaissait ses tables ! Non, Koudbi lui n'avait pas connu cela et il en était heureux.

*

En cette rentrée de l'automne 1962, le nouveau François-Xavier va aborder l'année importante du Cours Moyen première année. Il trouve en Denis Zongo un maître de valeur, consciencieux et pédagogue, qui vit difficilement la fin de la colonisation ; il deviendra un des fiers piliers de l'indépendance toute proche. Il vit lui aussi une spiritualité sans failles mais son profond respect de l'être humain se refuse à toute influence sur les âmes des enfants dont il a la charge, honneur de ces premières écoles publiques qui commencent à apparaître dans le pays. Il découvre en François-Xavier un enfant doué, surtout en français : celui-ci rédige bien et son orthographe est excellente. Il se révèle espiègle, un peu taquin, mais très bon camarade. Le maître remarque l'influence bénéfique que cet enfant a sur les autres et la confiance que ces derniers lui témoignent. Ses qualités innées de meneur ne lui échappent pas et il admire discrètement son organisation des jeux aux récréations. Il utilise ses compétences dans cette classe si chargée où les meilleurs élèves sont des aides précieuses pour soutenir les plus faibles. Notre François-Xavier s'en tire le mieux du monde, sans une ombre d'orgueil, avec sa gentillesse naturelle.

Les Pères blancs suivent dès lors de très près les progrès de cet enfant, l'un des leurs depuis son baptême. Parmi ceux qui assistent aux offices du dimanche et suivent le catéchisme, il obtient les meilleurs résultats scolaires. Sa spiritualité est profonde, sincère et ils s'interrogent : "*Pourquoi ne poursuivrait-il pas des études théologiques qui le conduiraient à devenir prêtre à son tour ?*" Son charisme exceptionnel ferait merveille auprès des fidèles et des enfants dont il aurait la charge. Mais pour cela il doit entrer au séminaire. L'église prendra totalement à sa charge des études que sa famille trop pauvre ne peut lui assurer. L'Afrique a grand besoin de prêtres, la crise des vocations est grave.

Il faut donc convaincre la grande famille du bien fondé de la décision. Les visites se multiplient auprès de Nobila. Le bien de l'enfant, l'absence de ressources financières, contribuent à gagner la famille aux idées avancées par les prêtres. Nobila ne fera aucune difficulté pour que son fils entre au séminaire.

François-Xavier, entretenu par les Pères de leur projet, y accède de son plein gré. Denis Zongo, qui discute souvent avec lui, est frappé par la vie spirituelle de son élève qu'il respecte profondément. Il le présentera donc au séminaire. Mais son jugement sûr, sa connaissance profonde des caractères, le laissent sceptique quant à la capacité de soumission de cette âme créative, de cette âme de chef dans un univers où l'obéissance aux règles est primordiale.

Ses excellents résultats scolaires incitent le maître à demander une dispense d'âge pour les deux examens qui sont l'aboutissement normal d'un cours moyen deuxième année. La fin de l'année scolaire confirme le triple succès de François-Xavier au Certificat d'Etudes, à l'entrée en sixième et au séminaire.

*

* *

CHAPITRE III

Au séminaire, c'est la rentrée des classes... Hier, François-Xavier a quitté pour la première fois son village natal. Le mil était mûr, les greniers commençaient à se remplir... Il a longuement promené son regard sur son univers avec une nostalgie indéfinissable. Quand ils ont entendu cahoter la voiture de la Mission sur le chemin, le père et le fils se sont longuement serré les mains et leurs yeux se sont rencontrés dans une ultime communion. Ouinoaga, l'ami fidèle, l'ami des bonnes et des mauvaises heures était là et leurs claquements de mains se sont faits plus sonores que d'habitude. Puis le Père blanc l'a pris par l'épaule, et Koudbi est parti ainsi, bravement, vers son destin. Au soir, agenouillé au pied de son lit de fer, dans le long dortoir anonyme, impressionnant, la prière du soir commune a revêtu pour lui une ferveur inaccoutumée, un véritable appel de détresse vers ce Dieu si nouveau pour lui. Il se sentait si seul, si abandonné.

*

Ce matin, parmi les nouveaux rangés au pied du perron devant les Pères blancs au regard bienveillant, il pense très fort à Denis Zongo, ce maître estimé qui savait lui parler avec son coeur. Sa longue silhouette noire se superpose un instant à celle du Père qui lui fait face, mais un coup de sifflet interrompt brutalement sa rêverie. En rangs sérrés ils gravissent les trois marches qui conduisent à la salle de classe blanchie à la chaux où un grand crucifix de bois brut occupe tout le mur jusqu'au plafond, juste au-dessus du tableau noir.

D'un coup d'oeil rapide, il a repéré sa place et sa pile de livres devant l'étiquette blanche : *"François-Xavier Koala."* Moment d'émotion où il oublie sa solitude pour feuilleter avec bonheur les ouvrages de textes et d'images qui s'offrent à lui. Moment intense qu'il aurait voulu infini mais qu'il faut suspendre à l'injonction ferme du prêtre qui leur souhaite la bienvenue et leur explique les règles strictes qui vont dès lors ponctuer leur vie. Et l'enfant libre qui aimait rêver au clair de lune, chanter et taper les calebasses à l'appel des copains, grimper dans les manguiers à la sortie des classes, chasser les lézards aux heures les plus chaudes... va soudain découvrir que la vie quotidienne peut aussi se découper en tranches fixes et immuables et que les désirs personnels ne doivent plus être pris en considération.

Le choc est brutal, il regarde autour de lui les têtes penchées, impénétrables, qui copient sans broncher ces règles que, déjà, il conteste au plus profond de lui-même.

Désormais commence pour lui un combat journalier que sa profonde spiritualité va aider à supporter dans les premiers temps de cette nouvelle existence. Dans la petite chapelle il conforte la volonté dont il a besoin chaque jour pour affronter le réfectoire où l'assiette de haricots, de riz ou de tô doit être avalée dans le plus grand silence, à l'écoute des textes bibliques... les levers sans joie à cinq heures trente, dans le jour qui pointe à peine... la bouillie de mil prise à six heures avant l'étude silencieuse et la prière commune qui les amènera aux premiers cours du matin. Il observe à loisir les compagnons qui partagent cette vie austère et les range en trois groupes : les soumis que les règles strictes ne semblent pas gêner et que les prêtres affectionnent particulièrement ; ceux qui supportent mal mais qui savent cacher leurs sentiments à leurs supérieurs ; enfin ceux qui, comme lui, ont du mal à dompter une nature libre et indépendante.

La promenade incessante des surveillants pendant les rares heures de liberté l'irrite sourdement. Trop souvent un coup de sifflet brise net l'élan d'un jeu librement organisé dans l'impétuosité de son âge. Il ne comprend pas. Pour la première fois de sa vie, il ressent un sentiment d'injustice : son travail scolaire satisfait parfaitement ses maîtres, sa spiritualité s'exprime avec une foi profonde et pourtant il se sent brimé et suspecté dès qu'il donne libre cours à la vitalité qui bouillonne en lui. Au fil des mois, une amitié se noue avec Marcellin et Maurice. Trois amis, trois compagnons d'études et de jeux. Compagnons d'études, c'est acceptable, mais quand le trio, dans sa fougue semble s'isoler, il est vite ramené au sein du troupeau sous l'oeil inquisiteur du surveillant à qui rien n'échappe. Mais pourquoi empêcher trois amis solidaires de saisir un moment pour échanger leurs pensées et leurs impressions sous l'acacia de la cour, à la toilette du matin, dans les travaux de jardinage ?... Un rappel à l'ordre du Père Supérieur qui le convoque dans son bureau le laisse amer et déçu...

Les grandes vacances arrivent et sont pour lui une coupure heureuse. Il retrouve avec délice les rues de son village et s'il participe à présent, comme un grand, aux travaux des champs, il passe à nouveau de longues heures de liberté avec Ouinoaga, Kouliga et les autres dans sa musique retrouvée, dans les courses folles en brousse, ou dans les funérailles harassantes.

Hélas, les récoltes qui débutent sonnent l'arrêt de leur grande liberté. La voiture de la Mission vient l'arracher à nouveau à ses racines et religieusement il écoute, pendant le trajet vers le séminaire, les conseils de soumission et d'obéissance que lui prodigue le Père blanc averti par le Supérieur de la trop grande individualité de son protégé.

Avec toute sa volonté, il retrouve ses classes et l'intimité de la chapelle. Marcellin et Maurice sont là aussi, heureux de retrouver une amitié que rien ne peut ébranler. Ils veillent, cependant. Tous ont appris la méfiance. Mais François-Xavier ne peut empêcher son charisme de se manifester et, peu à peu, trois autres copains se joignent au trio. Six amis solidaires qui piaffent dans cette vie de brimades. Ce groupe qu'un François-Xavier frondeur réorganise à son insu, cela n'est pas tolérable au séminaire, où tout est contrôlé. C'est un peu la révolution dans cet univers parfaitement réglé. Il faut tuer dans l'oeuf cet esprit contestataire avant qu'il n'éclose.

Et nos six amis se retrouvent de nouveau dans le bureau du Père Supérieur. Que leur reproche-t-on ? Le seul fait de former un groupe ne peut être toléré. L'humilité est de rigueur et des amitiés de cette sorte ne peuvent être acceptées. Respectueusement écouté, le Père pense que la leçon a été comprise.

C'était mal connaître la personnalité de ces jeunes qui ne ressentent aucune culpabilité à l'égard de leurs maîtres et supérieurs. Le Père Supérieur jugeant alors qu'il vaut mieux éviter une contagion préjudiciable à tous, accepte la décision de départ du groupe. Ainsi François-Xavier termine cette expérience que seul, Denis Zongo, dans sa grande clairvoyance, avait jugée incompatible avec son caractère.

*

Retour au village. François-Xavier se réfugie chez Ouinoaga, l'ami très cher qu'il retrouvera dans les moments importants de sa vie pour partager peines et joies. La concession familiale n'est pas abandonnée pour autant et son père vieillissant occupe toujours la première place dans son coeur. Mais l'amitié des deux enfants est telle que la famille de Ouinoaga, aussi pauvre que la sienne pourtant, accueillera toujours François-Xavier comme un fils.

Déçu, mais fier de ne pas avoir cédé à l'injustice, il n'attendra pas longtemps une nouvelle scolarisation. Sa réussite en sixième dans la classe de Denis Zongo lui avait ouvert les portes du collège privé catholique des Frères de La Salle à Ouagadougou, la capitale. Mais le choix du séminaire avait primé à cette époque. Sa place y était cependant réservée et quelques jours plus tard il se retrouve là-bas pour y poursuivre sa scolarité jusqu'au Brevet Elémentaire.

Il découvre un collège dirigé par des religieux dont la vocation est l'enseignement. Il est tout de suite séduit par une discipline moins étouffante. Sa personnalité peut se développer plus librement et les Frères ne tardent pas à apprécier ce jeune garçon. Ils trouvent en lui le parfait leader des *Jeunes Témoins du Christ*, groupe auquel il apporte la fougue et l'enthousiasme qu'il avait donné aux Coeurs Vaillants de son enfance. Sorties et réunions de jeunes occupent ses temps libres. Il se passionne pour les enfants avec lesquels il découvre qu'il ne faut surtout pas tricher. Sa vie s'équilibre à nouveau et ses études se poursuivent avec succès. Il considère avec un intérêt grandissant le travail de ces Frères enseignants, et il n'est pas surpris lorsque le Frère Montigny, lui dit un jour : *"Je comprends que tu aies quitté le séminaire. Tu n'étais pas fait pour être prêtre. Dieu t'appelait ici, parmi les enfants. Pourquoi ne deviendrais-tu pas Frère enseignant ?"* Mais François-Xavier est devenu méfiant envers ceux qui veulent *lui faire* son avenir. Son expérience au séminaire lui a laissé un goût amer.

Le brevet en poche, il doit quitter Ouagadougou pour commencer son second cycle à Bobo Dioulasso, ville de brassage sur la route de la Côte d'Ivoire où les Français nombreux vivent encore dans le confort de leur colonisation. Le Frère Montigny voit partir avec regret ce garçon en qui il a mis, au fond de lui-même, beaucoup d'espoir pour le renom et le sérieux de son collège. François-Xavier, seul maître de son destin, n'a personne vers qui se tourner, à qui demander conseil. Il fera seul son apprentissage d'adulte au gré des expériences, apprenant à juger par lui-même si le conseil prodigué sert véritablement son intérêt ou celui du conseiller... Formé à cette dure école, son caractère ne pouvait être que bien trempé.

Aussi, quand le Frère Montigny vient lui proposer après sa classe de seconde de devenir Frère Enseignant des Ecoles Chrétiennes, il n'est pas entièrement conquis, mais il veut bien essayer. Sa vocation d'enseignant s'affirme et peut-être est-ce là la voie vers sa réalisation ? Il commence alors une formation théologique approfondie que tout Frère Enseignant doit suivre.

De ce passage à Bobo Dioulasso, il gardera d'abord le beau souvenir d'un ami qui lui restera très cher. Raymond Sow, frère d'études est passionné par la théologie qu'il considère comme étant un complément indispensable à une foi profonde et à un catholicisme affirmé. Il veut lui aussi devenir Frère Enseignant. Leurs caractères généreux et combatifs se comprennent et tous deux consacrent leurs heures de liberté à l'organisation de cette jeunesse nombreuse et vivante d'un Bobo Dioulasso en pleine mutation dans une indépendance naissante : catéchisme, sport, jeux et sorties. Ils font, comme tout Frère Enseignant, voeu de pauvreté, de chasteté et d'obéissance. Raymond y apporte un adhésion totale, celle de François-Xavier est plus nuancée...

Amitié profonde qu'un événement tragique scellera à jamais : Raymond, renversé par une voiture, est à l'hôpital dans le coma. François-Xavier restera en permanence à son chevet. Il vivra intensément la douleur de son ami, guettera un signe de vie sur le visage inerte, notera scrupuleusement sur un carnet le nom de tous les visiteurs. Quand après de trop longs jours Raymond reprend enfin conscience, c'est sur François-Xavier que son premier regard se pose. Cela, ils ne l'ont jamais oublié....

Un choix décisif s'impose pour leur avenir : la poursuite

d'études théologiques supérieures ou des études profanes universitaires. Sans hésiter, François-Xavier choisit les études profanes, une spécialisation en anglais, deuxième langue qu'il manie déjà avec aisance. Raymond hésite. Après réflexion, il comprend que des études profanes, sans abandonner la vie communautaire religieuse qu'il affectionne, lui seront d'une plus grande utilité. Le choix est fait, leurs routes se séparent, mais l'amitié demeure : Raymond part à l'université de Niamey pour des études scientifiques, François-Xavier à celle de Dakar pour l'anglais.

*

A la Mission catholique de Koudougou, les Pères blancs suivent toujours leur protégé. Très déçus de ne pas le voir devenir prêtre, il ont approuvé néanmoins sa décision de devenir Frère Enseignant des Ecoles Chrétiennes, considérant l'influence bénéfique qu'il pourra avoir sur les enfants. Son départ pour l'université de Dakar les inquiète un peu, mais la communauté religieuse dont il doit partager la vie puisqu'il y occupe une chambre d'étudiant, les rassure. Il aura besoin de cela pour tempérer cette nature forte qu'ils connaissent bien.

Une bouffée d'air frais envahit François-Xavier chaque matin quand il quitte sa chambre pour se rendre à l'université où il côtoie des jeunes de tous milieux et de tous horizons. Il apprécie les professeurs de valeur. Il tire pleinement profit de leur enseignement et franchit allègrement les échelons de sa licence. Mais dans la vie communautaire religieuse le carcan devient étouffant. Certes, il vit bien. Les bourses qu'il reçoit de Rome sont conséquentes. La communauté occupe une villa bien aménagée. Mais il doit rendre compte de tous ses faits et gestes, subir les confesseurs qui l'humilient alors qu'il se sent en paix avec sa propre conscience. Les visites des Supérieurs de Rome sont fréquentes, et il en retire toujours l'impression que ces derniers s'intéressent davantage à l'esprit religieux de la communauté qu'à la vie des jeunes, à leurs résultats académiques souvent brillants, ou même aux difficultés rencontrées par les étudiants africains expatriés. Il s'insurge contre les pratiques rigides et il comprend à présent que ces règles sont imposées par les religieux eux-mêmes, que ce Dieu à qui il accorde encore toute sa foi ne les a jamais demandées à personne...

Alors il reprend son tam-tam et sa chère musique, son refuge.

A l'université où son charisme a su déjà lui créer un réseau d'amis, il forme plusieurs groupes musicaux très appréciés. Les professeurs ont décelé en cet étudiant intéressant un élément de valeur et c'est avec une très grande joie qu'il se voit un jour désigné pour représenter le mouvement de *la Jeunesse qui bouge* et partir vers Cuba, l'Espagne, Genève... à la rencontre de *la Jeunesse du monde* !

Découvertes inoubliables, enrichissement prodigieux pour cet esprit toujours en éveil, carrefours d'échanges qui lui ouvrent les yeux sur d'autres mondes. La jeunesse du monde, il part à sa rencontre : rencontre de ses langues, de ses musiques, de ses couleurs de peau, de ses traditions, de ses paysages... Il reçoit tout avec enthousiasme, fougue, lui acteur de cette *Jeunesse qui bouge*. Il perçoit l'universalité de l'homme dans l'infinité de ses différences.

Dans l'avion qui le ramène, les yeux perdus sur l'océan de sable du Sahara où se fondent les nuances pastel infinies, du rose le plus doux au mauve le plus tendre, lui, le petit Voltaïque pauvre, qui n'avait jamais franchi les limites de son continent, mesure toute sa chance... Et ses pensées s'attardent sur les compagnons de jeux de son enfance et tous ces petits frères nouveaux qu'il découvre chaque année aux vacances, jouant comme lui dans la poussière du chemin. Il réalise qu'eux aussi font partie de la *Jeunesse du Monde* et qu'eux aussi méritent autre chose que la misère quotidienne. Et dans son cerveau bouillonnant encore de toute cette générosité côtoyée, il se met alors, pour eux, à échafauder des rêves...

*
* *

CHAPITRE IV

Il retrouve à Dakar sa place dans la communauté chrétienne alors qu'il aspirerait à un temps de solitude pour se retrouver et faire en lui le point de tout ce qui se mêle dans sa tête. Mais là est sa vie. Néanmoins, le choc est brutal, sans transition, et il sent poindre à son égard de la part de certains Frères un sentiment nouveau pour lui : la jalousie...

Sa licence est terminée, le moment est venu de se consacrer à tous ces jeunes pour lesquels il a décidé un jour de devenir Frère Enseignant des Ecoles Chrétiennes. Une première année dans un collège le confirme dans ses possibilités. Il prend goût à ce contact permanent avec la jeunesse, il ressent avec émotion l'intérêt que ses élèves lui portent. Auprès d'eux il puise la force de supporter la vie communautaire punitive contre laquelle il s'insurge. Il est à présent persuadé que tous ces Frères blancs qui, pour la plupart ne possèdent que le baccalauréat comme seul bagage et qui pourtant se permettent de les diriger et de leur donner des conseils, contrôlent non seulement la vie mais aussi les esprits.

Une deuxième année le ramène dans son pays, à Nouna, petite ville proche du Mali, au sud du Sahel, qui draine les enfants des villages d'une ethnie Peul, autrefois nomade, mais progressivement sédentarisée. La joie de se retrouver au pays est grande, ses élèves sont attachants et il met tout son coeur et sa foi d'enseignant à ne pas les décevoir. Mais dans son esprit, depuis sa merveilleuse découverte du monde, il pense aux enfants de son village et à des projets qui commencent à prendre forme dans sa tête. Il en parle à ses collègues Frères. L'étonnement, la panique et l'incompréhension qu'il rencontre calment aussitôt ses ardeurs, et il apprend à garder en lui ses projets les plus intimes, prêts à éclore peut-être un jour. Incompris dans ce monde religieux où il ne sent plus sa place, il va offrir sa créativité et ses idées aux filles et aux garçons qui se côtoient dans le collège depuis l'indépendance.

Après les cours, les jeunes n'hésitent pas à venir lui demander des compléments d'informations, à parler avec lui de leurs problèmes au village, de leurs familles ou d'autres sujets qui leur tiennent à coeur. Son bureau ne désemplit pas, dans une écoute permanente. Il n'est pas sans remarquer une jeune fille Peul, brillante élève, qui vit à Barani, petit village burkinabè au sud du Sahel, où les problèmes de désertification se font durement sentir. Il sent en elle un désir d'indépendance et d'émancipation, et la volonté d'obtenir des diplômes qui lui permettront d'y accéder. Il range Tomousso comme un souvenir privilégié, au fond de son coeur, avec ses projets les plus fous qu'il a appris à taire.

Il a toujours aimé le contact, mais il le découvre pour la première fois entre professeurs et élèves. Il sait écouter, juger les situations, donner des conseils. Hélas, cette popularité auprès des élèves est loin de faire l'unanimité chez les Frères Enseignants. Les repas au réfectoire en leur compagnie font naître en lui une révolte qu'il exprime tout haut à présent quand il les entend critiquer injustement ces jeunes Africains, ces élèves, vers qui ils ne se penchent jamais, qu'ils connaissent si mal. Lui les défend avec véhémence, sait mettre en exergue leur condition de paysans, leur mérite de vouloir s'en sortir et le soutien qui leur est nécessaire. C'est la guerre ouverte : jalousies et mesquineries à son égard se multiplient. Les Frères, dépassés par cet Africain impétueux, dérangés dans une routine de vie dans laquelle ils se complaisent, font front commun. Ils rédigent une pétition contre ce Frère qui, à leur yeux, enfreint les règles du collège et de la communauté religieuse tout entière. Mais la qualité de son enseignement a dépassé le cadre du collège et de la communauté. Il est connu et soutenu, on aime son charisme, on arrive à calmer les Frères blancs et la pétition, à leur grand désappointement, n'a pas de suite.

François-Xavier lutte alors longuement avec sa conscience. Il se souvient de son passage au séminaire où on lui reprochait de ne pas s'aligner sur les autres. Il ressent la même injustice, mais cette fois, son avenir est en jeu. Il est tiraillé, se souvenant des paroles du Frère Montigny : "*Dieu t'a appelé ici pour être un bon Frère enseignant...*" Enseignant, certes, mais pourquoi rejeter toute créativité dans l'enseignement ? Il se sent rejeté... Il se culpabilise. Dieu a peut-être encore besoin de lui. "*Tu es Satan, Dieu te punira...*" Ces mots terribles qui ont si souvent martelé son jeune esprit le troublent encore et peuplent ses rêves... Mais s'il reste, s'il se soumet, il risque ne plus être lui-même et de se satisfaire de la médiocrité. Sa personnalité se révolte à cette idée, les projets échafaudés se bousculent trop pour qu'il accepte un tel renoncement... Personne ne peut le conseiller. Il est face à lui-même. Il quitte les Frères... Il n'oubliera jamais ce collège de Nouna où il a donné le meilleur de lui-même à tous ces jeunes qui déplorent unanimement ce départ. Il n'oubliera jamais les moments émouvants de la séparation, mais sa nouvelle liberté le porte.

Il ne regrettera jamais sa décision. Prêtre, il ne pouvait le devenir. Enseignant, oui, mais libre de décider. Plus de carcan. Il s'engage sur une nouvelle voie qui lui donne le temps de la réflexion. Il obtient une bourse d'Etat accordée par un organisme de Genève pour la préparation d'un Diplôme d'Etudes Supérieures en anglais.

*

Son choix se porte sur Paris, ville cosmopolite entrevue au cours de sa magnifique envolée vers la *Jeunesse du Monde*. Mais hélas, ce n'est pas à Paris que le conduiront ses nouvelles études. L'université de Poitiers lui ouvre ses portes dans la spécialisation désirée. Dans le train qui l'emmène vers sa nouvelle vie au coeur de l'Europe, il regarde défiler les vallonnements verdoyants de la Vienne sans se douter qu'il roule vers son destin.

Frileux dans le matin aigre des premiers jours de novembre, il arpente les étroites rues abruptes et pavées de la vieille ville de Poitiers, longeant les anciennes façades aux fenêtres à meneaux, vestiges d'un riche passé. Sur le chemin de l'université, il découvre aussi pour la première fois les couleurs automnales de la lignée de peupliers qui longe le Clain. Il s'arrête sur le pont qui enjambe cette petite rivière tranquille pour jouir de l'harmonie des tons de feu et savourer le charme de cette ville de province qui s'étend en hauteur aussi loin que ses yeux se portent. Les huit coups qui résonnent à l'horloge du clocher de la cathédrale ajoutent une note de charme un peu suranné. Rien à voir avec le Paris trépidant qui se serait mieux accordé à son caractère, mais qu'importe !

Une grande déception l'attend : plus de chambre à la cité universitaire où il savourait, à l'avance, ses premières heures de liberté d'une vie qu'il rêve depuis longtemps d'organiser à sa guise. Pas un seul ami vers qui se tourner. Il ne connaît qu'une porte à laquelle frapper, celle du grand séminaire de Poitiers où il y a des chambres disponibles. Et il retrouve en France, le milieu de l'Eglise auquel il avait pensé avoir échappé définitivement. Il ne s'étonne pas d'y retrouver l'austérité du règlement puisqu'il vient de Rome. Même atmosphère feutrée, même soumission des jeunes novices, ici tout de blanc vêtus. Il vit cela avec un regard plus détaché. S'il est encore obligé de supporter certaines contraintes, il a appris à dominer sa fougue naturelle. Il veut considérer ce passage comme provisoire et commence à organiser sa vie. Ses études l'intéressent prodigieusement.

Dans cette université européenne qui dispose de moyens financiers beaucoup plus considérables que celle de Dakar, les étudiants ont tout loisir de se retrouver dans des foyers ou en ville pour des activités annexes, en marge de leurs études. Sa musique africaine fait merveille dans les groupes qu'il se plaît à animer. Il y retrouve ses racines. Tête levée et yeux clos, son tam-tam vibrant de toute la puissance qu'il sait lui imprimer, il revit les funérailles de chez lui ou les soirées au clair de lune... Les amitiés se nouent au fil des mois et la chambre qui se libère un jour à la cité universitaire le comble. Sa spiritualité, libérée de toute contrainte religieuse, prend à présent pour lui un caractère universel. Il vit enfin, maître de ses désirs, de ses pensées, de ses rencontres, de ses amitiés, de ses amours... Il savoure cette liberté qui le surprend et l'enchante.

Il voit vivre l'Europe dans sa vie de tous les jours. Il la juge sans complaisance. Il mesure le monde de différences qui sépare ce continent et le sien, ce monde de nantis dont il réalise à présent tout le sens et son coeur se serre bien souvent à l'évocation de ses petits frères démunis là-bas, dans la chaleur et la poussière du Secteur Dix, devant l'étalage insolent de la société de consommation. Et les projets qu'il caresse pour eux depuis longtemps déjà, se précisent dans son esprit. Néanmoins, il est surpris de rencontrer, trop souvent l'égoïsme, l'indifférence affichée, des gens qui courent après le temps, trop vite, pour savoir mesurer toute la poésie et la richesse de la vie... des vieux qui ne peuvent plus être intégrés dans le rythme trépidant de leurs enfants et que l'on écarte... Et son expérience lui fait découvrir que la richesse ne signifie pas forcément le partage, le partage qui est toute la noblesse de ses racines malgré l'extrême pauvreté et il sait qu'il ne pourra vivre ailleurs que dans son pays.

Un jour, en flânant, ses yeux se portent sur une affiche qui l'étonne et l'amuse : une femme, originaire du Togo, Flora Théfaine, annonce un week-end de danses africaines et le prix du stage au bas de l'affiche. Payer pour danser ! Encore une notion que notre François n'aurait jamais envisagée, lui pour qui la danse fait partie de la vie et peut s'exprimer chaque fois qu'il en ressent le besoin... Sa curiosité en éveil, il pousse, un soir, la porte à l'adresse indiquée. Un groupe de jeunes blancs essaie d'adapter leurs rythmes individuels aux percussions endiablées de Flora. Son entrée n'interrompt pas la danse, des sourires seuls saluent son arrivée et, emportés par leur fougue, nos deux africains exécutent spontanément un brillant duo. Les jeunes, galvanisés par ce rythme étourdissant, s'arrêteront lorsque le silence succédera aux derniers roulements des tam-tams.

Alors, les applaudissements éclatent, il est pressé, entouré, félicité. Les mains claquent, des questions fusent de toutes parts. "Qui es-tu ?... D'où viens-tu ?..." Et il explique, ouvre son coeur. Son rire trop longtemps contenu éclate, à la joie de tous, l'émotion est à son comble. Flora participe à l'émotion générale, heureuse de la rencontre de ce frère noir tombé du ciel.

François-Xavier remarque un jeune de son âge, à l'aisance certaine, qui a donné toute la mesure de son talent et tend à présent vers lui ses mains qu'il serre dans les siennes avec émotion. Leurs regards francs se soutiennent. A partir de cet instant, sa vie va s'orienter dans le sens qu'il a toujours désiré, au fond de son coeur.

Yvon, l'ami de la première rencontre, se passionne pour cette personnalité attachante qu'il découvre. A La Ruette, petite maison poitevine qu'il ouvre généreusement à tous ses amis, François-Xavier aime à le retrouver. Un soir, dans l'intimité d'une causerie, Yvon réveille en lui la fierté d'Africain qui sommeille : *"François-Xavier, c'est Français, tu n'as pas un prénom de ton pays ?...Si, mon prénom africain est Koudbi...Koudbi, c'est beau, ça sent bon l'Afrique, mais pourquoi François-Xavier ?...C'est mon nom de baptême, il a remplacé celui de ma naissance...*"

Et les souvenirs ressurgissent, il parle de ce jour de baptême où il avait eu honte du prénom de sa naissance, de "*ce prénom des ténèbres*" disaient les Pères blancs de la Mission, de ce prénom animiste "*qui n'avait pas la marque de la révélation*" comme le lui avaient répété les religieux qui avaient encadré sa jeunesse.

Yvon se révolte contre cette ingérence dans l'esprit malléable des enfants et ce prénom "*Koudbi*" qu'il répète à l'envi sonne clair et fort aux oreilles de François-Xavier et fait remonter en lui la fierté de ses origines. Pourquoi avoir abandonné ce prénom africain ? "*Tu n'es en rien responsable. Cette page de ta vie est tournée. Pour moi, tu seras Koudbi !*"

Il découvre de vrais amis avec qui il va vivre une aventure passionnante, sous des vocables qu'on lui avait appris à rejeter et sous lesquels il pensait découvrir le diable en personne : athée, laïque et communiste ! Il peut parler avec eux, ouvertement, de ses projets, des enfants de son pays auxquels il s'intéresse. Il trouve non seulement une oreille attentive mais un enthousiasme extraordinaire. Il leur fait part de sa décision prise à la lumière de ses expériences : ne plus enseigner, ni dans le privé, ni pour l'Etat, mais revenir chez lui où il y a tout à faire, créer une école privée, gratuite, pour tous ces enfants rejetés de l'Education : ce sera leur école.

Un jour il reçoit, surpris mais ravi, une demande pour ouvrir un atelier de percussions à la Maison de la Culture et des Loisirs de Poitiers. Il accepte volontiers. Il y retrouve Yvon, Catherine et tout un groupe d'amis dont beaucoup d'enseignants aux idées généreuses. Il n'est question ni de religion, ni de contrainte, mais de solidarité, d'amitié entre les peuples, ecd'échanges de cultures. Koudbi n'est plus seul, sa route a été difficile. Il cherchait confusément ce qu'il découvre aujourd'hui : on peut bâtir ensemble tout en respectant l'autre dans ses croyances profondes, en mettant en commun, tout simplement, la valeur de chacun.

Il croira longtemps en une puissance extérieure à lui-même, une force qu'il attribuera plus tard "... *peut-être à la convergence des forces positives de tous ses amis... ?"* Une chose est sûre. Il mêlera avec bonheur chrétiens, animistes, musulmans, protestants, athées, sans jamais chercher à influencer leurs jeunes esprits et ce sera une de ses fiertés.

Koudbi a terminé ses études et obtenu ses diplômes. Les cours de percussions lui assurent des ressources financières qu'il n'espérait pas. Il repart au pays avec Yvon, sûr d'un soutien à Poitiers sur lequel il pourra toujours compter, du courage plein le coeur, une rage de réussir... un pari à tenir.

*

L'ombre de l'énorme manguier de la place réunit les enfants pour la première classe autour des deux amis et de quelques moniteurs qui leur font confiance. Les soirées de musique avec Ouinoaga retrouvé, au clair de lune, devant la concession familiale, où les enfants viennent spontanément, l'aideront à introduire la danse à l'école...

Mais laissons Koudbi et Yvon à leurs tâtonnements méritoires, ils préparent l'avenir...

*

* *

...OÙ L'ON RETROUVE BENEBNOOMA

1986... 1993

Burkina Faso

Secteur Dix de Koudougou

CHAPITRE I

Je me prépare à ce nouveau départ. Je redécouvre avec une joie nouvelle des livres de classe, des recueils de chants, mis à l'écart depuis ma retraite... Je retourne à l'Ecole Internationale de Bordeaux, lieu de rencontre des pays francophones du monde entier, où j'avais été si chaleureusement accueillie pour un stage de bibliothécaire, en préparation d'une mission au Mali qui ne s'était finalement jamais concrétisée. J'avais à cette époque noué de bonnes amitiés avec le personnel de l'Ecole. Et je retrouve avec émotion l'atmosphère monacale de la bibliothèque et ses textes d'auteurs africains. Je compte faire travailler mes futurs élèves sur la littérature de leur pays. Je passe des heures passionnantes, secondée par le personnel du centre de documentation, si attentionné à mon égard. Cette école où j'aurai un jour la grande fierté de présenter la troupe Saaba.

Mon départ est fixé au vingt-cinq octobre. Koudbi sera encore en France avec la troupe, mais l'ami français Yvon, les moniteurs et moi-même assurerons le démarrage de l'école dont la rentrée est toujours tardive, puisque Benebnooma essaie de recruter tous les enfants qui n'ont pas eu de place dans les écoles gouvernementales.

Quinze octobre 1987. Un flash à la télévision, passé inaperçu ou écouté d'une oreille distraite par les Français si loin des réalités de l'Afrique, vient bouleverser tous mes plans : "*Le capitaine Thomas Sankara, président du Burkina Faso, a été assassiné... peu de troubles dans la capitale, un seul point de résistance à Koudougou, où un partisan de Sankara a réussi à se réfugier avec ses hommes...*" Le choc est brutal... Koudougou... Sankara.

Et je revois l'an dernier sa haute silhouette, de blanc vêtue, pénétrant la nuit de la Saint Sylvestre dans l'immense salle de la Maison du Peuple à Ouaga. Il avait tenu à honorer de sa présence la Nuit Paysanne.

Une soirée inoubliable : deux heures de danses, de chants et de percussions, superbes, avant l'arrivée du jeune Président. Puis à minuit, une salle debout, poings levés, reprenant à la cantonade des slogans en mooré pour saluer Sankara, encadré de militaires... un frémissement d'insécurité m'avait parcourue. Puis, il avait pris la parole dans un silence très vite revenu et, si je ne pouvais comprendre cette langue, il se dégageait de cet homme et de cette salle vibrant à l'unisson des slogans renouvelés, une force énorme, puissante, et pour moi, l'impression que notre minuscule groupe blanc n'était pas à sa place dans cette immensité noire. Et s'étaient succédé jusqu'à deux heures du matin discours et mimes de scènes paysannes, brillamment exécutés, qui m'avaient laissée sous le charme. Une nuit de Saint-Sylvestre hors du commun.

Puis le Président était reparti, salle debout, poings levés, slogans repris par toute l'assemblée. A la sortie, les militaires canalisaient cette énorme foule de paysans qui était invitée à puiser dans de grosses marmites de riz au gras préparé à leur intention. Et dans cette nuit chaude de janvier, je retrouvais Sita et sa mobylette pour me ramener dans ma chambre, au Point, où m'attendait le gardien de nuit, tout heureux de me souhaiter la bonne année.

Je revois aussi en pensée les vastes panneaux en ville qui exprimaient dans un style naïf la volonté d'auto-suffisance de tout un peuple : "*Consommons Burkinabè...Habillons-nous Burkinabè...Le Burkina n'est pas à vendre...*" ou encore des appels à une prise de conscience collective : "*Participez à la vaccination-commando... Alphabétisation-commando...*" et autres slogans qui m'avaient frappée à mon arrivée dans la capitale. Sankara assassiné ! Comme tout prend une dimension différente quand une telle nouvelle si lointaine s'inscrit dans une réalité familière.

Un coup de téléphone de Koudbi m'invite à différer mon départ, à attendre son retour très proche au Burkina pour juger lui-même de la situation et fixer une nouvelle date pour mon arrivée.

*

Fin novembre, enfin, je quitte un froid glacial qui s'est abattu sur la France pour retrouver, six heures plus tard, la chaleur brutale qui vous suffoque sur les premières marches de la passerelle de l'avion.

Koudbi n'était pas à l'aéroport, retenu par une répétition des Saaba, mais je suis accueillie par Adèle, une monitrice de l'école et Regma le chauffeur. Une poignée de main chaleureuse et des souhaits de "*bonne arrivée*" que j'entendrai si souvent. Un mot de Koudbi me souhaite aussi la bienvenue et m'invite à ne pas m'attarder à Ouagadougou ce soir. Il faut arriver à Koudougou avant le couvre-feu, encore en vigueur à partir de dix heures.

Couvre-feu ! Ce n'est pas très rassurant... Nous prenons la route, les bagages chargés à l'arrière, tous trois serrés dans la cabine de la vieille bâchée. Je retrouve ce Ouagadougou poussiéreux, ses cohortes de mobylettes démarrant aux feux dans un vrombissement infernal, ses petites boutiques misérables aux enseignes naïves, boutiques de friperie, de meubles... de tailleurs..., ses étals sommaires de bois bordant les avenues, où voisinent les superbes couleurs de soleil des oranges, pamplemousses, ananas, bananes ou papayes... Ses petites vendeuses d'arachide ou de kola... Et dans le jour qui tombe, des feux commencent à s'allumer dans de vieux bidons récupérés, barbecues improvisés. Sur le devant, de petites tables de bois où se vendront tout à l'heure brochettes, beignets, pintades, poulets, consommés sur place ou emportés dans des lambeaux de sacs de ciment...

Voici notre premier arrêt à la sortie de Ouagadougou. Notre chauffeur nous abandonne pour aller payer la taxe routière. C'est alors la ruée vers nos vitres baissées de jeunes vendeurs de pain, de bananes, d'arachides, de beignets. Une ruée qui me déconcerte. Mais une brève et tonnante injonction d'Adèle, en mooré bien sûr, fait reculer aussitôt tout ce petit monde à l'affût du moindre gain.

Et je découvre à la nuit noire, sans lune, les cent kilomètres qui nous séparent de Koudougou et que je referai si souvent. Cette route étroite, aux bas-côtés de terre, sans autre lumière que celle de nos phares hésitants éclairant difficilement un vélo sans lumière, une file de femmes, bébés au dos, charges sur la tête, marchant dans l'obscurité. Les camions vétustes et surchargés, transitant du Niger ou du Ghana, que l'on frôle au passage, nous saluent par un plein phare aveuglant. De petites loupiotes, au milieu de la chaussée, lanternes rouges dans un faisceau de branches posées sur le sol signalent l'arrêt à un poste de police. Une lampe électrique s'avance. Un policier soupçonneux promène sa lampe dans la voiture et demande les papiers, tandis qu'un autre, plus loin, dans une cahute que l'on devine à peine, nous signalera d'un geste de la main bon enfant, la poursuite de notre route.

Je ferai ce trajet dans une tension extrême. Notre chauffeur freinera souvent, brutalement, à l'apparition d'un âne, d'une chèvre ou d'un cochon, surgis dans la lumière des phares, au milieu de la route. Pourtant, en cette soirée de novembre, je n'étais pas au bout de mes émotions : nous approchions de l'embranchement des deux routes conduisant, l'une vers Bobo Dioulasso, l'autre vers Koudougou. Sur le petit triangle de terre, je devine un engin de guerre, une mitraillette peut-être. Deux militaires, minables dans cette nuit froide pour les Africains, couverture sur le dos, gardent le point stratégique. Deux lampes électriques nous signalent l'arrêt. Visite de la voiture, quelques paroles grommelées, et nous pouvons poursuivre. Koudougou, seul point de résistance, disaient-ils à la télévision, à l'annonce de la mort de Sankara. Tristesse et futilité de cette surveillance du *Lion* comme on surnomme ici le chef de la résistance, partisan de Sankara. Dans la nuit totale qui nous entoure, une armée entière aurait pu se déplacer en toute liberté sans être remarquée...

Le voyage continue, émaillé des récits d'Adèle et de Regma qui me parlent de la résistance à Koudougou, de l'exécution de militaires de la garde du *Lion* tués dans d'horribles circonstances juste derrière l'école, des balles tirées devant les maisons, de la peur des gens... Merci à Koudbi de m'avoir évité ces heures tragiques.

Un dernier poste de police et les premières lumières de Koudougou apparaissent. Deux ou trois lampadaires à l'entrée, des grappes d'enfants sous les lumières. - "*Ce sont les jeunes des écoles et des lycées qui profitent de l'éclairage qu'ils n'ont pas chez eux pour étudier leurs leçons ou faire leurs devoirs"*, me dit Adèle sur un ton détaché. Quel choc ! La mesure d'une injustice profonde entre deux continents. La certitude que nos enfants européens devraient voir ce spectacle pour apprécier leur chance. Mais comment le pourraient-ils puisqu'ils n'ont pas vu ? Moi, j'ai le privilège de voir et je témoignerai. Ce témoignage sera-t-il écouté ou même simplement entendu ? C'est si loin l'Afrique...

Nous quittons le goudron réservé à la grande route pour nous enfoncer dans le quartier du Secteur Dix, baptisé Burkina avant l'indépendance. Nous quittons aussi les lumières qui jalonnent la ville pour retrouver le noir absolu d'une nuit sans lune. Quelques néons devant des maisons isolées, quelques brûlots de-ci de-là sur le bord des chemins. La voiture cahote, zigzague pour éviter trous et bosses, mais aussi les chèvres et les cochons errants attirés par nos phares.

Il est huit heures. La voiture s'arrête. Au ronronnement du moteur succède le roulement des tam-tams et le rythme des percussions qui me réchauffent le coeur. Le périple a été long et déroutant, mais le visage ami de Koudbi m'apporte le réconfort nécessaire.

*

Je suis prête, ma deuxième aventure africaine peut commencer. Je ne sais trop ce qui m'attend dans ce décor de misère découvert au petit matin. Concessions ancestrales aux murs de boue séchée souvent délités par les pluies. Constructions inachevées aux ouvertures béantes, abandonnées faute d'argent et qui donnent à l'ensemble un aspect de ville bombardée. Rues de terre bordées d'ordures, faites de creux et de bosses, qui sillonnent le village dans la fantaisie la plus absolue. Mais j'ai découvert hier soir l'accueil chaleureux des Saaba, sous la paillote éclairée à la lampe-tempête, la maison de Koudbi, sommaire, où j'ai serré beaucoup de mains et vu beaucoup d'enfants, pieds nus, poussiéreux, sous le néon de la terrasse de ciment. J'ai aussi découvert son adorable petit bambin de dix-huit mois, seul avec son papa et Chantal, une jeune cousine qui s'occupe de lui dans la journée. La maman, Tomousso, prépare une maîtrise d'anglais à l'université d'Accra au Ghana. Elle ne revient qu'aux vacances. J'ai senti très fort ce matin, en déjeunant sous le manguier avec Koudbi et le petit Nonguebzanga que cet endroit est un lieu où je pourrai toujours me réfugier si j'ai quelques moments difficiles.

Mais cette maison qui m'a accueillie hier soir ne sera pas la mienne. Koudbi a tenu à me laisser le choix du logement dans le village. En ce dimanche matin, nous partons tous deux sur sa mobylette, je découvre une école disséminée dans quelques maisons louées dans le village. Ces maisons servent d'ateliers, de lieu de rangement où l'on a pu entreposer le matériel précieux reçu de France : machines à écrire, machines à coudre, pièces de mécanique, bibliothèque.. Tout cela se mélange un peu confusément dans mon esprit. Je suis surprise de la précarité dans laquelle vivent tous ces gens : peu ou pas de meubles, des murs nus, douteux, des cuvettes où le linge est empilé, des nattes roulées, trois pierres pour le foyer dans les cours, des marmites qui traînent. Un désordre coutumier, rien de ce qui fait notre confort...

Mon choix se porte sur une maison abritant l'atelier de couture de l'école. Une grande pièce donne sur une terrasse cimentée. Cinq ou six machines à coudre vieillottes, quelques bancs, deux ou trois chaises, des chutes de tissus çà et là, par terre. Derrière cet atelier, une pièce inoccupée. Un seul meuble. Un grand lit à tête de bois qui me paraît confortable emporte mon choix. Des murs nus, un néon, ni eau ni lavabo... ne rêvons pas... Un robinet, des toilettes à la turque au fond de la cour. Koudbi m'oriente devant le portail : - *"Tu vois au bord de ce chemin en face, c'est la paillote du village où tu as vu les Saaba hier soir. Et là-bas au bout de la rue, c'est ma maison. Tu viendras manger chez moi à midi, et tous les soirs. Tu pourras y prendre tes douches et y rester tout le temps que tu voudras "*.

Proposition acceptée de bon coeur. Mes bagages sont entassés dans une petite charrette métallique, poussée par des enfants tout heureux de m'aider. Koudbi me fait envoyer une grande table, récupérée je ne sais où. On me déniche même une lampe sur laquelle une calebasse retournée fera un abat-jour orientable du plus bel effet. J'achèterai, très vite, une natte de couleur vive pour cacher la tristesse du sol de ciment, un pagne pour recouvrir la table, des affiches des Saaba pour cacher les taches sur les murs et je trouverai ainsi chaque soir, en rentrant, un petit brin d'intimité qui me fera plaisir.

Vider mes bagages ?... Difficile. Les armoires n'ont pas encore atteint le Secteur Dix de Koudougou. Pourtant la poussière, compagne de vie qui se faufile par les fentes des persiennes aux fenêtres sans vitres, est un fléau contre lequel il faut lutter. Une cantine métallique fera l'affaire et valises et sacs serviront également de rangement.

Les maisons qui abritent les ateliers de l'école ont toutes un gardien de nuit. Le soir, la présence du jeune Yamba, plein de prévenances et de gentillesse à mon égard me sera un précieux réconfort. Une natte, un petit réduit lui suffisent. Souvent il partagera mon café du matin sur la terrasse où grimperont bientôt quelques plantes qu'il sèmera à mon intention. Hélas, notre désolation sera grande lorsque le portail, laissé ouvert par tous les gens qui se pressent à la couture, aura permis aux chèvres de se régaler de notre verdure !

Je n'ai pas oublié les émotions de ma première nuit, et désormais je veille...

Ce soir-là, un peu désemparée au milieu de mes bagages, j'ai préparé ce bon lit de draps tout propres qui m'attend, tel une oasis bienfaisante dans cette misère côtoyée tout le jour. J'y retrouve mes racines européennes, habituée à un certain confort et j'en mesure le privilège. Dans les premières brumes du sommeil qui vient, je crois distinguer de légers bruits... Assurée de ne pas rêver, suspendant mon souffle, j'écoute et cherche à comprendre, pas rassurée du tout ! Puis, bravant toutes mes craintes, j'allume le néon pour découvrir... j'en frémis encore... des colonnes de longs insectes bruns qui, sortant du plafond de contre-plaqué mal joint, descendent tranquillement le long des murs ! Je découvre ces gros cafards, plaie de l'Afrique et des pays pauvres, goûtant sans doute à leurs promenades nocturnes dans une maison jusqu'alors inhabitée. Que faire...? Surmonter mon dégoût et agir. J'avise sur le champ dans un coin, une bombe insecticide abandonnée sans doute par un Européen de passage. Mon Dieu faites qu'elle ne soit pas vide ! Miracle. Alors, prenant position face à cette armée des ombres, je fusille. Affolés par ce tir soudain, les fantassins vacillent, remontent, tourbillonnent et tombent. Je guette le retour des suivants et en vrai stratège bombarde sans discontinuer les lignes des envahisseurs. J'arrive peu à peu à contenir l'invasion. Fière de moi et d'un courage que je ne me connaissais pas, je prends conscience soudain de ma situation et une seule pensée me vient à l'esprit : si mes enfants me voyaient !

J'ai gardé de cette nuit une aversion profonde pour ces bestioles et tous les soirs, quand je quitterai ma chambre pour aller prendre ma douche, j'enverrai consciencieusement une giclée d'insecticide ciblée aux points stratégiques... Elles ne reviendront pas. Les années suivantes, ma bombe salvatrice sera en bonne place dans la valise, prête pour d'éventuelles campagnes...

CHAPITRE II

Au matin de cette nuit mémorable, Koudbi vient me chercher pour me faire découvrir le village, l'école, tous ces lieux qui seront ma vie, six mois durant. Pascal, le tailleur est déjà arrivé. Nous faisons connaissance et les premières machines à coudre commencent à ronfler. Je lui raconte bien sûr mes exploits nocturnes qui déclenchent un bon rire : - "*Tu sais ici, les cafards on vit avec... !*"

Lorsqu'un autre soir je me battrai avec la même énergie contre un énorme rat à longue queue qui était entré dans ma maison, un autre grand rire accueillera mon récit et Yamba, mon ange-gardien, me dira d'un air gourmand : - "*Mais c'était un rat voleur ! Ça se mange et c'est bon !*" Afrique, comme nos angoisses te paraissent dérisoires auprès de celles qui t'accablent !

Nous faisons à pied, la route que je suivrai chaque jour. Il fait bon. Décembre est pour nous, Européens, le meilleur mois. La chaleur est celle de l'été chez nous. Arrêt à la paillote, point stratégique de l'école. Ce fut le premier lieu de rassemblement que Koudbi ait fait construire : pilier de soutènement, vaste toit de paille à pans hexagonaux soutenu par une solide armature, sol en ciment. Délaissant l'ombre des manguiers, les classes s'y étaient tenues, à l'abri de bons murs et d'un grand portail de fer. A cette époque, les parents d'élèves préparaient la cantine du midi dans un coin de l'enceinte, près de la case ronde qui est toujours là. Une petite bâtisse en dur, près du portail, abrite le téléphone de Benebnooma. Bartho, responsable du jardin de l'école le jour, y garde la paillote, la nuit.

En sortant, à gauche, la concession de Désiré : greniers à mil, ronds, aux chapeaux de paille pointus ; cubes en dur, tôlés, où dorment les familles ; foyer éteint, marmites qui traînent, poules, cochons, chèvres... le tout ceint d'un mur de briques de terre séchée.

A droite, la concession de Moussa et d'Amadou, danseurs percussionnistes de la troupe Saaba ; sur le devant, Aminata, une des jolies danseuses du groupe pile le mil avec d'autres femmes, comme je le lui ai vu faire dans le spectacle présenté en France. Est-ce rêve ou réalité ? J'ai peine à savoir. Koudbi me confirme que son spectacle est l'expression d'une réalité vivante, quotidienne, vécue par neufs africains sur dix.

Nous tournons sur la gauche. Je reconnais la maison de Koudbi, le portail bleu qui me deviendra si familier, le manguier et *l'arbre à étages* qui dépassent du mur d'enceinte. En face, une autre concession : devant, un vieux à bonnet de laine assis sur un tronc d'arbre, des cochons qui fourragent dans le tas d'ordures, une enfilade de greniers à mil et de petits cubes tôlés qui s'étendent loin, à l'ombre d'énormes manguiers.

Et Koudbi, très fier : - *"Tu vois, c'est là que je suis né. C'est la concession de la grande famille Koala. Mon père, Nobila, vit toujours, l'oeil bien vif encore. Il sera content de te rencontrer. Quand j'ai un moment, je vais le voir. Il a encore tant de choses à me dire avant de mourir. Tu sais ici, l'oral prime tout. Il y a toujours beaucoup de monde, beaucoup d'enfants aussi et c'est toujours aussi pauvre. Tu vois, cette école, je l'ai voulue vraiment pour les enfants de mon village là-même où je suis né. Tu peux constater en ce lundi matin, qu'aucun enfant ne traîne dans la rue. Ils sont à l'école, c'est ce que je voulais."* Quelle satisfaction, quelle fierté légitime devant cette réalité !

Nous poursuivons notre marche. Une vaste place, sous les manguiers. Tout près de nous, un édicule rond : toit pointu de paille tressée, soutenu par quatre piliers de bois grossièrement taillés. Au sol, trois grosses pierres d'un foyer éteint. - *"Ici, c'est la forge qui fonctionnait tous les jours quand j'étais enfant. C'est là qu'on fabrique les dabas et tous les outils nécessaires aux cultures et travaux divers. Les forgerons sont importants dans le quartier Burkina. En langue mooré, forgerons se dit Saaba. C'est le nom que j'ai donné à ma troupe. Tu sais, la caste des forgerons est la plus redoutée, la seule capable de faire venir la pluie, quand elle tarde trop."*

Et je sens en Koudbi, sérieux, la puissance des croyances qui l'ont imprégné toute sa jeunesse, la fierté d'appartenir à ce continent que j'avais ressentie si fort quand il prenait la parole au cours de ses spectacles, devant un auditoire qu'il savait tenir sous le charme. Etre là, près de lui, à la source même de ses origines, c'est émouvant.

Nous atteignons une voie plus large où s'avance un camion dans un nuage de poussière : - "*Voici deux autres maisons louées par l'école, plus grandes...*" Même style que les autres, tristes, briques de terre séchée, le *banco*, toits de tôle, terrasses cimentées sur le devant, portes et fenêtres métalliques à persiennes, sans vitres... Mur d'enceinte, lourd portail gris, à deux battants, que je franchirai si souvent. La cour devant, deux jeunes manguiers entourés de grillage qui auront la chance de grandir, protégés des chèvres.

Dans la première maison, une quinzaine de jeunes gens tapent sur des machines à écrire un peu hétéroclites, sous la conduite d'une pimpante monitrice. Quatre tables hexagonales et chaises de formica arrivées avec le dernier convoi qui a traversé le Sahara, donnent à l'ensemble un petit air de confort européen. Présentations, sourires, "*bonne arrivée*". Contact chaleureux de Koudbi avec tous, poignée de main à chacun, échanges en mooré dans la bonne humeur. Une autre pièce, au fond. De jeunes enfants très attentifs composent des textes à l'aide de caractères d'une petite imprimerie Freinet. La monitrice actionne une ronéo à alcool, et reproduit des invitations pour une prochaine réunion de parents d'élèves. Félicitations, "bonne arrivée", sourires, poignées de main...

- "*Et voici une réalisation dont je suis très fier*", me dit Koudbi alors que nous nous dirigeons vers l'autre bâtisse, "*notre bibliothèque*". Dans cette maison, une grande pièce aux murs tapissés d'étagères sommaires de bois chargées de livres bien rangés. J'aperçois dictionnaires, encyclopédies, romans, livres d'enfants, illustrés, jeux éducatifs... Au centre, une longue table où trône la responsable qui plaisante avec Koudbi tout en me serrant chaleureusement la main. "*Tous ces livres viennent de France, tu vois. La bibliothèque est ouverte à tous, et beaucoup de gens de Koudougou viennent nous emprunter des livres. Virginie en est la responsable*". Et déjà, des idées s'échafaudent pour l'enrichir ! Débauche de livres chez nos petits Français saturés, trésors inestimables ici !

Surprise de découvrir une pharmacie dans la pièce à côté. Les médicaments sont sur des étagères de bois, disposés par ordre alphabétique, et Marthe, ordonnance médicale en main, est à la recherche de la prescription notée. Le client attend, dehors, derrière les persiennes ouvertes. "*Si tu savais les services rendus à la population par cette initiative ! On vient de loin pour trouver ici ce qu'il n'y a pas toujours en ville.*" Et je revois, en effet, les pharmacies de Ouagadougou l'an dernier, la tristesse éprouvée devant les rayons à peu près vides, le désespoir dans les yeux de ces gens qui repartaient, ordonnance en main, après la sentence qui tombait comme un couperet : "*Nous n'en avons plus !*"

Tant de choses entrevues ce matin, un peu confusément, mais je commence à voir la réalisation tangible des idées généreuses que Koudbi m'avait exposées, un jour, dans mon petit bureau de Ouagadougou... Je n'étais pas au bout de mes découvertes.

- "*Et maintenant, nous allons sur la colline.*" Un mot un peu pompeux pour désigner le terrain de l'école auquel on accède par un petit raidillon. Pourtant ce mot me deviendra, à moi aussi, vite familier. Au passage, un bonjour plein d'amitié à l'atelier de menuiserie. Un établi de bois sous un abri de paille, quelques enfants manient rabots, planches, pointes, scies, guidés par Paul, chapeau rouge planté sur la tête. - "*Les étagères, bancs, tables que tu as vus ce matin viennent tous de là, les enfants font des progrès tous les jours...*" Je mesure la chaleur humaine qui émane de toutes ces rencontres faites ce matin, la bonne humeur de Koudbi, les poignées de mains accompagnées de rires, une confiance réciproque dans tous ces rapports, des relations qui me plaisent, une atmosphère détendue...

En approchant du raidillon qui mène à la colline, dans la chaleur qui commence à monter : - "*Tu vois, ici, c'est la maison d'Yvon. Il n'est pas là pour le moment. Je l'ai envoyé à Lomé, au Togo, avec un ami qui y partait pour quelques jours. Il est fatigué. Il n'est pas rentré en France depuis deux ans. Il a vécu dans une case la première année, puis il a pris cette maison, sans eau, sans électricité, mais il s'en contente. Il fait un travail extraordinaire. Ici, tout le village l'aime...*" Un coup d'oeil, j'aperçois une sympathique ombrière paillée avec deux ou trois fauteuils de bois qui me tentent vraiment. Peut-être un autre petit coin d'amitié pour quelques moments difficiles...?

Un petit bosquet agréable et inattendu le long du raidillon pierreux. La colline enfin. Grand terrain nu, brûlé de soleil. Il fait chaud ! Un énorme nêmê tout près, le seul arbre que l'on découvre alentour. Ses racines, sur ce terrain aride de latérite qui a perdu tout humus, forment de puissantes saillies autour du tronc noueux. Sur ces sièges improvisés, à l'ombre, un repos bien gagné et Koudbi laisse parler son coeur. Ses souvenirs ressurgissent, captivants :

- "*Regarde la colline, c'est mon enfance : elle était pleine d'arbres et de buissons, un vrai paradis d'oiseaux, de perdrix, de pintades sauvages, de singes familiers... La concession que tu aperçois là-bas, bordée de manguiers, c'est aussi la famille Koala, mes oncles. On les appelle les Tanzoug Ramba, les gens de la colline. Ils possèdent les tigari, gris-gris qui repoussent les maléfices des sorciers. Ma mère qui était griotte, m'y emmenait souvent, sur son dos. Elle chantait avec eux pour conjurer le mauvais sort et chasser les esprits malins. Plus tard, avec les copains du quartier, on allait là-haut chanter et taper des calebasses, et notre goût de la musique a mûri à cette époque*". Je suis très touchée à l'écoute de ces évocations d'un passé dont il me parle avec beaucoup d'émotion.

- "*Des années de sécheresse, du bois trop souvent coupé en ont fait le désert que tu vois. C'est là pourtant que j'ai décidé d'implanter mon école. Les ateliers que tu as vus, disséminés dans le village, je les réunirai tous, un jour, sur ce terrain avec une vraie école, en dur. Et puis, quand ce premier rêve sera réalisé, il faudra clôturer. On ne verra plus, par exemple, ce troupeau de zébus que tu aperçois là-bas dans la poussière, le long du jardin de l'école. Alors, nous pourrons replanter des arbres...*" Nous restons tous deux, rêveurs et muets devant ce futur plein de promesses.

Mais Koudbi ne s'attendrit pas longtemps. Son sens des réalités reprend vite le dessus. - "*Déjà, tout commence. Là, tu vois, ces trois petites constructions au toit de paille, ce sont les classes-paillotes construites par les parents d'élèves qui ont voulu apporter leur contribution à l'école de leurs enfants. Là-bas c'est la cantine, la première construction en dur, financée par une association de Pont l'Abbé en Bretagne qui nous aide beaucoup. Des élèves d'un Lycée Professionnel de Poitiers sont venus en août avec des professeurs pour en terminer la construction avec nos jeunes. Ils ont fait aussi un foyer amélioré, tu verras. Ils reviendront... déjà tu vois, ils ont commencé les fondations d'autres bâtiments"*. Tant de solidarité, tant de projets, tant de perspectives à soutenir ! C'est fou, mais tellement exaltant.

- *"Et maintenant, allons voir les enfants dans les paillotes!"* Un toit de paille, deux murs en banco dont l'un recouvert d'ardoisine sert de tableau, deux autres ouverts à mi-hauteur, un pilier central, sol de ciment. Une nuée d'enfants, assis sur des bancs de bois, une monitrice, bébé au dos, m'accueille avec un grand sourire tandis que les enfants, debout, me lancent un retentissant *"Bonjour camarade !"* qui me laisse perplexe et amusée...

Un petit chant pour me faire honneur, scandé à la règle, et tout le monde s'assoit. Je les félicite. Blandine, la monitrice, traduit mes paroles en mooré au fur et à mesure. Koudbi s'amuse bien de ma surprise et des bravos terminent mon petit discours.

Deuxième paillote. Là, je trouve Adèle, ma compagne de route. Même salut révolutionnaire. Les enfants plus jeunes, sont assis à même le sol et dessinent sur un papier posé sur le banc de bois. Des centaines de petits yeux noirs et brillants braqués sur moi dans toute la candeur de leur âge. Des petites gamelles hétéroclites posées à terre près de l'entrée. - *"C'est pour la cantine"*, me dit Koudbi, *"ils vont bientôt sortir, tu verras."*

Troisième paillote. Des jeunes plus grands, assis sur de petits bancs s'appliquent sur des cahiers et des ardoises posés sur d'autres bancs plus hauts qui leur servent de bureau. Ousmane, leur moniteur très avenant, après un autre *"bonjour camarade !"* m'explique : - *"Ici, c'est la classe de réinsertion. Nous récupérons tous les élèves d'âges et de niveaux différents et nous essayons de rattraper leur retard. C'est presque du travail individuel. Chaque jour, par groupes, ils vont aussi dans les divers ateliers et au jardin, pour s'initier un peu à tout"*. Je les félicite, ils comprennent un peu le français et m'applaudissent. Je reste très émue de tout ce bon vouloir dans ce désert de moyens.

Il est onze heures trente. Les petites silhouettes s'échappent des paillotes, gamelles en main, vers la cantine. Nous les suivons. Des femmes s'affairent autour d'une grosse marmite noire posée sur le *foyer amélioré*, construit par des jeunes français et burkinabè, en août dernier. Cône tronqué de banco, fermé, alimenté par le bois que l'on enfourne par une ouverture sur le devant. Peu de déperdition de chaleur, j'en comprends toute l'utilité.

Elles remplissent de grandes cuvettes avec du couscous qui a cuit toute la matinée, et les déposent devant Adèle et Blandine, assises dehors, sur une brique de terre. Et les enfants, à la queue-leu-leu, sans bousculade, reçoivent pour tout repas, les yeux brillants de convoitise, une grande louche de maïs. Tous sont là. Ceux des classes-paillotes, ceux de la dactylo, de la couture, de la menuiserie, de l'imprimerie. Une louche de maïs ! Régal que certains mangent à l'écart, par terre, à la main, en boulettes savamment roulées. D'autres partent en courant, descendent le raidillon. - "*Où vont-ils ?*" - "*Ils partent chez eux, partager avec le reste de la famille. On ne peut pas les en empêcher, le sens du partage est trop important ici*".

Cantines d'Afrique, cantines de France, un monde d'injustice. Luxe de ces petits self-services, choix des menus, gaspillage de pain, moues d'enfants difficiles, trop gâtés. Je reste bouleversée par ce spectacle, mais totalement désarmée devant l'ampleur de la différence.

- "*Tu sais,*" me dit Koudbi, "*ils n'ont pas le choix ici, trop heureux d'avoir ce repas qu'ils ne sont pas sûrs de trouver chez eux. Le matin, beaucoup d'enfants viennent le ventre vide, s'il ne reste pas de tô de la veille à la maison*". Et j'apprends que ce maïs accompagné d'huile et de lait en poudre, baptisé *Catwèle*, provient des surplus de stocks américains envoyés par l'organisme du Catholic Relief Service dans toutes les écoles du Burkina Faso. - "*Mais il n'arrive pas toujours, nous restons quelquefois de longues semaines sans rien.*"

Vers treize heures, assise sous le manguier, chez Koudbi, je me remets lentement de cette matinée. J'ai mesuré le fossé entre les conditions d'enseignement en France et celles vécues dans ce coin d'Afrique. Je réalise l'ampleur du pari lancé par

Koudbi et sa détermination. Mais les grandes choses réussies dans la vie ne semblaient-elles pas un peu folles au départ ? Je sens que l'aventure qui se prépare va être passionnante à vivre...

CHAPITRE III

Et cette aventure se met en place sans plus tarder. Koudbi me prête son vélo. Un bien précieux qui facilite tous mes déplacements. Mon gros cartable sur le porte-bagage, un sandow déniché je ne sais où, et voilà mes douleurs d'arthrose dans le genou envolées, sans doute grâce à la sécheresse du climat. Je sillonnerai le village, apprenant à connaître les trous et les bosses à éviter, les endroits où la poussière chasse sous la roue, la colline brûlante, saluée en tous lieux par des "*Lafi... Lafi baala*" - *ça va... oui, ça va* - Des sacoches ? Ici ça reste un rêve. Une pompe ? Celle de Désiré m'accompagnera partout. Une roue crevée m'obligeait à m'arrêter ? Miracle du *téléphone africain*. Une présence secourable emportait mon vélo *gâté* je ne sais trop où et, très vite, je pouvais repartir. Trésors d'attentions à mon égard. J'en suis toujours remplie de gratitude !

Une matinée au marché pour acheter ce qui pourra faciliter ma vie : pagne pour ma table, natte pour le sol, cantine, réchaud pour mon café du matin... toujours ce petit confort européen qui fera dire à tous ceux qui entreront dans ma chambre : "*Que c'est joli chez toi !*"...

Souvenirs du coup d'Etat : des militaires bons enfants, assis sur les marches ou couchés à l'ombre, montent la garde devant les banques, la poste, auprès d'impressionnants bazookas, sans protection aucune pour les gens qui passent tout près. La vie suit son cours.

*

Yvon est revenu. Un coup de coeur pour ce beau garçon, sympathique en diable, qui m'accueille dans un grand élan de gentillesse, avec des embrassades bien françaises, une gentillesse et une prévenance que j'apprécierai tout au long de cette année. Sa jeunesse et mon expérience conjuguées seront tous les jours au service de ces enfants démunis pour lesquels nous nous retrouvons côte à côte, dans ce village de l'Afrique.

Une réunion des responsables de l'école est prévue sous la paillote. La paillote, point névralgique où se retrouveront école et village étroitement liés dans tous les événements importants de la vie de notre petite communauté.

Ah ! l'heure africaine. La réunion est prévue à quinze heures, mais tout ce monde arrive petit à petit, bien lentement. Il fait chaud... Surprise. Quelques monitrices tricotent. On tricote pour les bébés, parce que bébé a froid ! Tout ce monde bavarde en mooré, langue natale dans laquelle ils se sentent tellement plus à l'aise qu'en français. Koudbi arrive plus en retard encore. Yvon, enfin, en vrai connaisseur de l'Afrique !

La main serrée à tous, dans la cordialité et la bonne humeur, nous nous retrouvons, équipe pédagogique au complet, en cercle sur des bancs de bois. Si la réunion a mis du temps à se mettre en place, je suis frappée par le sérieux et le sens des responsabilités de tous. Chaque moniteur a sa tâche bien définie. Il faut prendre le temps nécessaire, sans précipitation, répondre à toutes les questions, porter la même attention à chacun. Quant à moi, je me sens parfaitement intégrée. Ma place dans l'équipe est bien définie, en toute équité. Cela me plaît. C'était bien dans ce sens-là que je comptais collaborer avec eux. Et me revient alors la phrase de Koudbi qui m'avait touchée, chez Anne, quand j'avais accepté son offre. - *"A présent, tu fais partie de la grande famille de Benebnooma."* C'est ce que je ressentirai tout au long de mes trois années scolaires partagées avec tous. Souvent seule Blanche au milieu de la communauté scolaire et villageoise, je ne prenais conscience de cette situation que lorsqu'un Blanc de passage venait troubler notre quiétude.

Je suis donc chargée de l'enseignement général des jeunes de la dactylo. De plus, les moniteurs veulent profiter de ma présence pour parfaire leurs connaissances, recevoir quelques conseils pédagogiques pour la préparation et l'organisation des classes, et je n'aurai jamais trop de mes journées pour satisfaire leurs appétits de savoir.

Mes jeunes de la dactylo, dans la salle où je les ai entrevus l'autre matin. Le premier contact de mon existence avec une quinzaine de jeunes africains âgés de quinze à vingt ans ! Je suis aussi intimidée qu'eux, plus sans doute. Ils sont nombreux, chez eux. Moi, je suis seule, expatriée. Ce premier contact est tellement difficile ! J'ai la certitude que nos rapports futurs en dépendront. Ils sont presque tous adultes, j'ai davantage l'habitude de parler à des enfants. Alors, je ne sais plus... je laisse parler mon coeur. J'écoute avec beaucoup de respect le cas de chacun quand la confiance commence à s'établir. Je comprends alors que tous, refoulés d'un enseignement qu'ils n'espéraient plus, faute d'argent souvent, enfants de pauvres rejetés de la société, ont mis tous leurs espoirs en Benebnooma d'abord, en moi ensuite, prévenus par Koudbi de mon arrivée.

Et j'ai mis, dès lors, tout en oeuvre pour que cet espoir ne soit pas déçu. Avec beaucoup de plaisir nous nous retrouvons tous les matins, autour des tables hexagonales, assise au milieu d'eux, me réjouissant de leur intérêt à redécouvrir des notions de grammaire et de calcul oubliées. Un minable tableau sur une table de bois, c'est tout ce dont nous disposons, mais qu'importe! Je vide ma trousse sur le milieu d'une table et avec bonheur ils disposent de mes stylos, feutres ou du blanc pour effacer. Tout est remis en place à la fin du cours, ils savent qu'il n'y en aurait pas d'autres si...

Yvon est merveilleux avec mon groupe. Entre nous tous règnent une confiance et une intime collaboration, un libre arbitre qui se retrouve dans toute l'école, dans les ateliers, et auquel ces enfants rejetés d'un peu partout sont particulièrement sensibles. Une correspondance inter-scolaire s'établit avec un collège de ma région à Gujan-Mestras sur le Bassin d'Arcachon et un collège de Colombes, connu d'Yvon. Cet échange nous donne de multiples occasions de travailler sur des reportages, des textes, des dessins. Un jour, nous sommes quelque peu embarrassés de recevoir des affiches gastronomiques alléchantes de France. Qu'à cela ne tienne ! Yvon arrive avec la vieille bâchée de l'école et nous voilà tous embarqués avec appareil photo, papiers, crayons, magnétophone vers la cour d'une de mes élèves dont la mère confectionne ce matin des gâteaux en pâte d'arachide ! Quelle fierté pour ces jeunes d'effectuer un reportage sur leur propre vie et sur cette famille réunie au grand complet ! Quelle découverte pour moi qui mesure le privilège de connaître cette vie ; notes prises par les jeunes, enregistrement de Fatimata, mon élève, qui traduit en français ce que sa mère dit en mooré. Une matinée qui comptera pour eux. Un groupe est chargé, le soir, de ramener un reportage réalisé dans une autre cour, sur la fabrication du tô, un autre sur le dolo. Et ils partent, avec magnétophone et appareil photo. Comme ils se sentent justement valorisés par cette confiance ! Et nos Français recevront textes et dessins, sur le dos d'affiches des Saaba, le papier est rare.

L'après-midi, dans la bibliothèque, autour de la grande table, je retrouve les moniteurs au complet. On transporte le vieux tableau et la petite table. Ils sont tous là, touchants de bonne volonté et d'intérêt. On reprend, à la base, conjugaisons et règles de grammaire. Marthe, la *pharmacienne,* ne veut rien perdre. Entre deux clients, elle vient prendre des notes, commence la dictée. Si un client se présente à la porte, nous interrompons le travail pour attendre son retour. Les niveaux sont inégaux, et je me penche souvent sur les plus faibles pendant que les meilleurs font autre chose.

Le plus attendrissant, c'est le grand Bartho, le jardinier de l'école, grand gaillard d'une vingtaine d'années. Le lendemain de mon premier cours, passant comme chaque soir avec ma lampe électrique devant la paillote qu'il garde la nuit, il me dit :
- *"Tu sais, Paulette, c'est bien ce qu'on fait ! J'étais si content hier soir de retrouver ce que j'apprenais quand j'étais petit, que je n'en ai pas dormi...".* Quelques mois plus tard, il participera à un stage d'agriculture et je serai très surprise de ses progrès en corrigeant son rapport final.

Et puis il y a Ousmane, le sympathique moniteur de la réinsertion. Il voudrait se présenter au brevet en candidat libre et me demande de l'aider en français. Comment refuser ? A cinq heures, jusqu'à la tombée de la nuit, car il n'y a pas de lumière, nous travaillons où nous pouvons. Ma classe est occupée par la dactylo. Chez moi, il n'en est pas question, l'atelier de couture tourne et les clients bavardent jusqu'à la nuit. Les classes-paillotes sont utilisées par les jeunes des lycées de Koudougou qui font leurs devoirs sur les tableaux. Benebnooma ouvert à tous. Alors, on trouve quand même un coin pour s'installer précairement, sur un banc, à l'ombre du nême, au milieu d'un chantier où j'appréhende les scorpions baladeurs coincés entre deux pierres... mais Ousmane fera régulièrement sa dictée, ses analyses ou ses explications de texte.

L'été suivant en France, retrouvant en famille Koudbi et la troupe près de Royan, je n'osais poser la question qui me brûlait les lèvres : - "*Et Ousmane...?*" Koudbi, ému, me répondit "*Je n'osais t'en parler... il a échoué à l'oral !*" Ousmane n'a pas eu son brevet, mais il est aujourd'hui le responsable compétent de l'imprimerie de Benebnooma après un an de formation en France. Je me console avec la certitude d'avoir apporté ma contribution dans la composition des textes sans fautes prêts à l'impression.

*

Je suis frappée par l'osmose entre le village et l'école. Quelques jours après mon arrivée, vers sept heures trente, j'arrive chez Koudbi avec mon vélo et mon gros cartable, en route pour l'école. Sympathique petit arrêt rituel, juste pour l'amitié. - "*Il n'y a pas classe aujourd'hui... une vieille est morte hier soir et tout le village entoure la famille... Ramène ton cartable chez toi et reviens, nous t'attendons...*"

Je me souviens en effet la veille, nous bavardions avec Yamba sur la terrasse. Dans la profondeur du silence de la nuit, s'est élevée une mélopée de plaintes et de youyous, d'une grande tristesse, et Yamba m'a dit - "*Tiens, quelqu'un est mort, et le village pleure*".

J'ai retrouvé sur la terrasse le personnel de l'école au complet, vieux et vieilles du village, hommes, femmes et enfants. Avec Adèle, Blandine, Marthe, je me suis glissée dans la ronde balancée des belles-filles, autour du brancard recouvert de pagnes où gisait la morte. J'ai serré des mains, participant à cet hommage communautaire, ressentant avec une émotion profonde combien j'étais intégrée pour la première fois aux rites animistes de l'Afrique qui m'ont marquée à tout jamais.

Le lendemain, vers onze heures, quand les tam-tams muets jusqu'alors ont annoncé la marche mortuaire, Koudbi, la daba sur l'épaule, m'a entraînée à ses côtés dans cet extraordinaire enterrement. Tout entier à ses racines, il m'expliquait pourtant le déroulement et la signification de tous les rites. Lorsque la pierre tombale, portée par les femmes dans le balancement qui avait animé toute notre marche a recouvert la tombe, nous sommes revenus, apaisés, vers la maison. La calebasse de dolo m'a été offerte en premier, respect dû à l'âge... j'ai bu avec plaisir cette boisson, désaltérante dans la chaleur qui montait, que les femmes de la concession avaient préparée toute la nuit. Obéissant à la coutume, la calebasse a circulé dans l'assemblée et chacun y a puisé sa part de réconfort.

Et puis, quand le village entier s'est soulevé pour l'inoubliable fête des funérailles, je fus entraînée, soutenue, encouragée par Blandine, Marthe, Fatou et toutes les femmes du village dans une marche insolite sur la poussière des chemins, assistant stupéfaite aux sacrifices faits devant chaque concession : chèvre ou mouton égorgés pour nourrir les musiciens. J'apercevais Koudbi, daba en l'air, en danses, en rythmes, meneur infatigable. Yvon, tout entier pris par ces coutumes fascinantes vivait lui aussi, avec passion, ce temps hors du commun. Je n'étais pas au bout de mes émotions. A la nuit tombée, tous réunis pour une pause sur la terrasse, Koudbi s'est exclamé soudain - "*Robert, Regma, emmenez Paulette, j'entends les masques, il faut qu'elle vive ça !*"

Je me suis retrouvée alors, solidement encadrée mais pas très rassurée, dans la concession de la morte. Lorsque je sentis leurs bras puissants me saisir et une voix murmurer - "*Surtout, ne regarde pas !*" alors que le rythme lancinant de leurs tam-tams ponctuait leur passage, je perdis tout courage. Quand, enfin délivrée, je cherchais à comprendre - "*Il ne fallait pas les regarder, Paulette, ils pouvaient te tuer...*". Je me dis que cette Afrique insolite n'en finirait pas de me surprendre et de me confondre...

*

Noël approche, Noël d'Afrique, Noël au soleil, Noël sans argent, ni cadeaux, ni jouets, mais Noël tout de même... Benebnooma veut le marquer par une petite fête où chaque classe, chaque groupe fera preuve d'imagination. Débat très libre dans ma classe, chacun donne son avis, prélude à de longues discussions, mais ils aiment cela. C'est un jeu qui les valorise et ils s'y prennent volontiers. Je donne mon avis aussi, cela fait partie du jeu. Finalement, un conte africain déniché à l'Ecole Internationale de Bordeaux fait l'unanimité, on y ajoutera quelques intermèdes musicaux retenus par le groupe.

Et cela nous vaut des répétitions dans la joie, la bonne humeur, des moments appréciés de tous au cours desquels je découvre des talents que je n'aurais pu deviner derrière ces visages toujours un peu énigmatiques, pour nous Européens. Yvon est heureux. Il apportera au spectacle sa note personnelle de magicien et de prestidigitateur confirmé.

En ce matin de fin décembre, sur la colline, sous le nême, dans ce décor de savane brûlée de soleil, la joie de tous ces enfants noirs est aussi éclatante que celle de nos petits Français là-bas devant les arbres de Noël couverts de jouets et de chocolats. C'est leur Noël. Les petits chantent de tout leur coeur avec les monitrices, ils rient en écoutant les contes *de la hyène et du lièvre* racontés en mooré, mimés par les jeunes de la *réinsertion* arborant des masques du meilleur effet. Mes élèves excellent dans leurs rôles bien préparés. Yvon tient son public en haleine avec magie et tours de cartes. Les Saaba, comme il se doit, coordonnent le tout avec leurs percussions endiablées.

Le soir de Noël nous trouve réunis, Yvon, Koudbi, Tomousso revenue du Ghana pour les vacances, son jeune frère et Nonguebzanga. Nous faisons honneur au whisky et au pâté que j'avais glissés au fond de ma valise et auxquels Tomousso a ajouté des pintades grillées. Un vrai festin ! Puis, par le portail grand ouvert s'est écoulé un flot ininterrompu de pagnes colorés, d'hommes en boubous, de vieux portant bonnets de laine ou calot blanc, d'enfants dépenaillés, pieds nus et poussiéreux. La musique s'est fait entendre toute la nuit, sous ce ciel des Tropiques où les étoiles brillent d'une rare intensité. Sur la terrasse balafons et djembé ont retenti pour célébrer ce Noël de village africain. Ce soir-là l'Afrique tout entière a offert à ses enfants ses cadeaux les plus précieux : sa musique et sa danse.

Je me suis mêlée à eux, et je n'ai pu leur faire plus de plaisir. Yvon dans son long boubou coloré, vivait intensément ces danses, les yeux souvent perdus dans les étoiles, et Koudbi a révélé la pleine mesure de son talent, exécutant mimes, mimiques, mouvements du corps, un Koudbi transfiguré que je découvrais.

Je n'ai pas regretté un seul instant nos *Noëls aux tisons*. Un Noël extraordinaire m'était offert, je l'ai savouré dans toute sa chaleur.

Au cours des vacances de Noël, une importante décision est prise : les archives, papiers officiels, circulaires classés, triés, mis en ordre, quittent la maison de Koudbi. La paillotte, point de rencontre pour tous, devient centre administratif et bureau d'accueil et d'information de Benebnooma. Bartho en reste le gardien. Koudbi commence ainsi à protéger sa vie familiale.

CHAPITRE IV

Si les décisions prises dans la vie le sont délibérément, si on en a mesuré toutes les conséquences, personne n'est à l'abri du *mal du pays*, surtout quand on côtoie la misère tous les jours et que celle-ci paraît, un jour plutôt qu'un autre, plus difficile à supporter.

Ce soir comme à l'accoutumée, après un moment de tendresse auprès du petit Nonguebzanga auquel je m'attache davantage chaque jour, je quitte ce foyer ami pour rejoindre ma chambre, un peu de tristesse au cœur. La journée a été chaude et fatigante. La nuit est totale, profonde, dure, sans lune. Une angoisse me serre la gorge, devant les mystères qui entourent ces concessions de terre, ces ombres fugitives dans la faible clarté d'un foyer qui s'éteint, ce pleur, soudain, d'un enfant, ce chien qui hurle, ces bruits confus... l'impression que toute vie est suspendue au jour disparu. Loin là-bas en France, le ballet fou des néons fait-il songer à ce coin d'ombre oublié, le confort douillet des foyers s'inquiète-t-il des angoisses de la misère ? Et je sens une vague de colère, devant ce monde de différences et d'indifférences, ce soir intolérables. La pauvreté supprime le droit au bonheur tout simple. Derrière ces murs de terre, sans lumière, sous ces toits de paille ou de tôle, sur leurs nattes blottis, à quel bonheur rêvent tous ces gens ? Et me vient à l'esprit cette pensée terrible : petits enfants d'Afrique, n'êtes-vous que le fruit de la misère et de la pauvreté ?

Soudain le néon que je laisse allumé sur ma terrasse me guide comme un phare... je presse le pas malgré moi, pour fuir cette obscurité qui m'obsède. Yamba n'est pas rentré. J'ai hâte de retrouver mon tout petit refuge. Je m'empresse d'allumer la lumière qui éclaire d'un éclat tamisé les photos de mes enfants et de mes petits-enfants. Je resterai un long moment à rêver, l'esprit très loin de cette Afrique où je me sens, tout à coup, si étrangère. Le "*bonsoir*" de Yamba à travers les persiennes m'apporte une présence et un souffle d'amitié dont j'avais vraiment besoin. Ça ira mieux demain... Demain, c'est jeudi, jour de repos que j'apprécie particulièrement. Il faudra faire la lessive d'abord. C'est une corvée réservée aux dimanches dans les cours, autour du puits le plus souvent, parfois sous le robinet.

Ma lessive je la fais dans le seau de fer blanc aperçu dans toutes les concessions, sur toutes les têtes des femmes revenant du point d'eau dans les villages perdus traversés l'an dernier au Sahel. Un simple savon, de l'eau parcimonieusement utilisée au robinet. Pas d'écoulement pour l'eau, elle est jetée à la volée sur le sol qui a vite fait de l'absorber. Les dernières eaux de rinçage font le bonheur des plantes semées par Yamba autour de la terrasse qui cachent la misère des murs lépreux... Et puis, dans la chaleur grandissante, patauger dans l'eau n'est pas un déplaisir.

*

La soirée d'hier m'a laissé un goût amer. Je me réfugie dans la maison d'Yvon, sous l'ombrière de paille, dans un de ces fauteuils de bois que je connais bien. La gentillesse de l'accueil me fait oublier un cafard passager qu'Yvon devine tout de suite.

Robert, Emile, Kouakou, Gnodé, Paul... enfants pauvres du village, trouvent auprès d'Yvon qu'ils adorent un refuge affectif, des responsabilités librement consenties, de grands plats de riz qu'ils confectionnent et partagent, un toit pour dormir s'ils le désirent. Ce matin, je les trouve en pleine initiation à des tours de magie qu'ils présenteront au Festival national de danses, chants, et magie africaine, qui se tient en mars prochain à Koudougou même, au Théâtre Populaire construit pour l'occasion. Me voici donc public improvisé, prête à encourager, féliciter, applaudir : ficelles coupées et reconstituées, foulards disparaissant dans les manches, cartes devinées, valeur de billets de banque reconnue... tout cela est un peu maladroit, mais prometteur.

Ces personnalités mises en valeur, ces yeux brillants de bonheur, cette grande ouverture sur une vie différente : Yvon offre sa générosité à cette communauté de village, à ces enfants. Il reçoit en retour une affection qui le comble. Sa fille est en France, élevée par sa mère et il est si heureux quand elle vient partager leur vie pendant les mois de vacances !

La pièce qu'il s'est aménagée avec des bancs superposés servant d'étagères respire sa personnalité. Les enfants s'y retrouvent : instruments de musique improvisés... peaux de chèvres tendues sur des bidons récupérés, rayons de vélo arrondis, capsules de bouteilles qui tintent, marionnettes surgies de calebasses de toutes tailles. Bouts de bois, fil de fer, plumes : et voilà un oiseau très élégant... Ingénieux petits vélos... Masques de hyène, de lièvre, en bois peint, dessins de toutes sortes.

Il fait chaud, le soleil tape dur, même sous l'ombrière. Laissons les enfants à leurs rêves magiques, allons retrouver l'ombre du manguier dans l'autre maison amie, toujours ouverte, même en l'absence de Koudbi. Un petit Ricard, un grand plat de riz que nous rapporte Robert et qu'il partage avec nous, encore un beau moment d'amitié.

Le soir, sur le petit écran de télévision qui rassemble de temps en temps les gosses du village sur la terrasse, visionnant des vidéos que Koudbi leur ramène de France, Yvon me fait découvrir le mariage de Koudbi qui s'est déroulé il y a tout juste un an. La grande famille Koala, d'ethnie Mossi, a accueilli la jeune Tomousso Sidibé, de l'ethnie Dioula, proche des Peuls. Brassage des ethnies dont il donne l'exemple, lui, apôtre de l'ouverture sur le monde, et pourtant le symbole si vivant d'une race fière de ses origines. Je suis frappée par la beauté du couple, tout de blanc vêtu, de la richesse des broderies... Petit Nonguebzanga, sur les genoux de sa mère, symbole vivant de cet amour affiché au grand jour, pagnes bleutés, décor *pintades*, qui habillent le village. Musique, célébrations renouvelées dans chaque concession, du monde, de la joie partagée avec tous, comme la tristesse, c'est l'Afrique. Je découvre Julie, la fille d'Yvon, aux côtés de Koudbi et d'une petite Africaine qu'elle tient par la main. - "*C'est Titi*" me dit Yvon, "*la fille de Koudbi, qui s'élève à Poitiers, avec Julie, comme deux soeurs*". Une enfant de plus. Ne dit-on pas en Afrique : une richesse de plus.

Koudbi m'avait parlé de Tomousso, un jour. - "*Tu sais, c'était une de mes élèves quand j'enseignais à Nouna. Je m'étais dit qu'elle était bien cette petite, et que je ne devais pas la laisser passer...*" Pari lancé sur la vie, tout jeune encore, mais pari tenu plus tard... avec tout l'éclat voulu.

Pari lancé sur son école, qui se met en place, un peu plus chaque jour. Détermination de ce caractère trempé. Je me félicite encore de lui avoir accordé ma confiance.

*

J'ai retrouvé tout mon courage après ce jeudi de détente. - "Ça va ? Laafi... Laafi bala..." ce sont des villageois qui me saluent au passage. J'y puise, ce matin, plein de chaleur amicale. Je ne vois pas, non plus, les murs délités par les pluies et les tas d'ordures, mais plutôt les jolies constructions de terre séchées faites par les enfants, pour Noël, devant les maisons et les concessions, qui resteront debout jusqu'au bon vouloir des pluies tropicales.

Téné, sur la route, devant sa cour, vente le mil. Une calebasse pleine au bout de son bras levé, une vide, à terre. Les grains versés lentement perdent au passage leur son qui s'envole, au gré du vent. L'opération recommencée plusieurs fois, le grain sera prêt à piler. J'aime bien Téné, vive, intelligente, un peu ma confidente. Il faut dire qu'elle parle français et souvent je passe un moment avec elle, dans sa cour si typiquement africaine, bruyante d'enfants. Toutes deux nous allons au marché, sur sa mobylette et en guide attentionnée elle m'accompagne dans le dédale des souks. Je m'arrête ce matin, pour un bonjour cordial et des embrassades que nous échangeons toujours à la française.

La classe est ouverte. Lazare arrose le ciment, comme je le lui ai appris. Marie, consciencieusement, nettoie le sol avec le petit balai de paille de mil, et la classe se met en route, après un échange habituel de moqueries affectueuses garçons-filles, ou de joutes oratoires Mossi-Gourounsi, ethnies voisines représentées toutes deux dans la classe. Madeleine, la seule femme mariée de mon groupe, a amené son bébé qui dort sur son dos, bien calé dans le pagne. Personne pour le garder ce matin et elle ne veut pas manquer la classe. Aucun étonnement dans le groupe...moi je suis surprise, mais n'en laisse rien paraître. L'enfant fait partie de tous les actes de la vie, pourquoi ne suivrait-il pas sa mère à l'école ? Je n'entendrai pas l'enfant de la matinée. Avec une infinie délicatesse elle dénouera son pagne dès son réveil pour le bercer tout en écrivant. Pas un garçon ne prêtera attention au sein découvert pour calmer la faim. Elle sortira discrètement avec lui de temps à autre, pour le changer peut-être. Je n'irai surtout pas voir, pour ne pas la gêner... elle reprendra sa place avec la même discrétion n'ayant occasionné aucune perturbation dans le déroulement du cours. Mais au moment de faire la dictée, elle s'est mise debout pour écrire et ne pas réveiller son bébé endormi sur le dos. Je n'ai pu résister à l'envie de fixer à jamais cette image sur ma pellicule. Permission accordée de bonne grâce par la maman sous promesse d'avoir la photo un jour.

Cette image est certainement un de mes plus touchants souvenirs d'enseignante, moment privilégié où j'ai senti toute l'utilité de ma présence ici, de cet enseignement dont on ne veut rien perdre, dans un monde dur où l'enfant, jamais sacrifié, n'est un obstacle à rien, surtout pas à une chance inespérée de s'instruire qu'il faut saisir quand elle se présente. Belle leçon de courage tranquille, sur ce continent où l'on connaît surtout la volonté et guère le choix. Un moment, comme tant d'autres, que j'aurais tellement voulu vivre avec nos petits Européens trop gâtés.

*

Aujourd'hui, le nouveau Président du Burkina-Faso est en visite à Koudougou, et congé a été donné à toutes les écoles de la province du Bulkiemdé. Yvon, qui saisit toutes les occasions d'intéresser mes élèves, a confié à mes garçons appareil photo et magnétophone pour faire un petit reportage qui intéressera sans doute les correspondants français. Tout le long du "goudron", en ville se pressent à cette occasion petites marchandes d'arachides, de cigarettes, de fruits, d'oignons... toute occasion est bonne pour gagner quelques francs. Déploiement militaire énorme qui précède le cortège officiel.

Une jeep surmontée d'une mitrailleuse passe..., un soldat manipule malencontreusement l'engin, le coup part. Une petite marchande de cacahuètes s'écroule devant sa table, son bébé au dos, tuée sur le coup. Deux autres femmes succombent à ses côtés. L'horreur... La nouvelle arrive jusqu'au Secteur Dix et Koudbi sera l'un des premiers à s'occuper des transferts à l'hôpital.

Le lendemain, dans ma classe, les commentaires ne manquent pas sur cet épisode tragique qui a bouleversé la population. - *"De toutes façons"*, nous dit Céline, *"c'était un endroit maudit ! Un jour, une pintade a été accrochée par une voiture et elle est allée mourir sous la même table de la marchande d'arachides qui a été tuée hier...!"* Monde où toute chose a une signification singulière. Rien n'est expliqué par le hasard ou la coïncidence. Rapprochement terrible, sang des victimes mêlé. Malheureuse pintade et femmes massacrées par la folie des hommes. Endroit prédestiné, le malheur devait frapper à cet endroit...

- *"Tiens, Marcellin n'est pas là ?"* - *"Non"* répond Marcel, l'ami inséparable, *"je ne l'ai pas vu ce matin."* Et la matinée s'écoule, concentrée et studieuse, comme chaque jour. L'après-midi, grande réunion à la bibliothèque, où un Français de passage voudrait initier nos jeunes au secourisme. Yvon arrive essoufflé, et me dit : - *"Commencez sans moi ! Marcellin est au poste de police, il s'est fait prendre hier avec le magnétophone... J'y vais vite pour régler l'affaire."*

Yvon toujours sur le qui-vive, Yvon qui règle tout... Yvon irremplaçable... Un long moment après, retour de la bâchée et du grand Marcellin, magnétophone en main. Un Marcellin tout confus, accueilli avec la joie que l'on devine, le héros du jour. Yvon raconte l'épisode à toute l'assemblée. - *"Hier, pendant le discours du Président, Marcellin a été repéré par un policier en civil qui lui a demandé son magnétophone. Marcellin, ne connaissant que les uniformes, n'a pas voulu le donner, bien sûr, et devant ce refus, a été emmené au poste sans autre explication, gardé depuis hier soir, en attendant l'arrivée d'un responsable... prévenu en début d'après-midi !"*

Le policier n'était pas au courant de ces méthodes d'enseignement, et ravi de les découvrir, il donne le feu vert pour tous les autres reportages proposant même à Marcellin le port d'un badge pour le prochain festival du mois de mars ! Il aura le droit de tout enregistrer, de tout photographier ! Pauvre Marcellin, encore tout éberlué de cette nuit passée au poste, sur un banc, sans rien manger. Koudbi est allé rassurer les parents dans la soirée, mais ici on ne fait pas un drame de cela : une nuit au poste, ça va, ça vient. Ils étaient seulement inquiets, compte tenu des événements sanglants de la journée. Alors ils étaient partis à l'hôpital, tous les deux, à pied, pour savoir s'il n'était pas parmi les blessés... mais on n'avait rien voulu leur dire... Depuis, ils attendaient. Misère à tous niveaux... misère de l'information. Angoisse de l'attente cachée derrière ces visages impénétrables. Ils ont beaucoup remercié Koudbi d'être venu les rassurer.

Quel fatalisme dans ce monde habitué aux terribles coups du sort !

CHAPITRE V

Les Saaba au Burkina ? Toujours présents à l'appel des tam-tams qui résonnent sous la paillote. Ils ponctuent avec une harmonie heureuse tous les événements de la communauté école-village, participent à la vie de leur province, de leur pays quand on le leur demande.

Garée dans la cour de Koudbi, la vaillante fourgonnette jaune des P.T.T. français qui a traversé un jour le Sahara à leur intention, est toujours de service. Quand le grand portail bleu s'ouvre à deux battants et que Regma s'affaire sur le démarreur souvent récalcitrant, c'est le signal d'un départ en *mission*. Les bancs de bois de la cour sont installés de chaque côté, le long de la carrosserie percée de larges ouvertures, sans vitres, pour une aération sans réserve... Quand les tentatives de Regma sont couronnées de succès, c'est bon ! Quand elles se révèlent inefficaces, "*pas de problème !*" Boutée au dehors, quelques gamins unissent leurs efforts pour faire démarrer l'engin et la fourgonnette s'ébranle, auréolée de poussière, dans une explosion de cris de joie. Hoquetante et soufflante, elle sera prise d'assaut par les Saaba qui l'attendent devant la paillote, dans un concert de tam-tams déjà en action, impatients de se produire.

Ils animaient, l'autre jour, la fête de l'Enfance, applaudis à tout rompre par des centaines d'enfants et leurs maîtres, qui prenaient plaisir à venir danser à tour de rôle sous l'oeil averti de Koudbi qui repérait les meilleurs.

Cet après-midi, je n'enseignerai pas aux moniteurs. Ce sont les funérailles de la mère du Président des parents d'élèves. Elles ont lieu au village de la morte, à une quinzaine de kilomètres. La fourgonnette jaune ouvre la marche, tam-tams en batterie, suivie de la bâchée ouverte à tous vents qui transporte le personnel de Benebnooma, assis sur les bancs de bois amovibles. Yvon, Blandine, son bébé et moi-même, nous nous serrons dans la cabine. Quinze kilomètres cahotant dans les chemins de brousse, la poussière et la chaleur... Yvon, toujours attentionné, en vrai routard, me fait découvrir cette savane où je guette vainement une gazelle, ou peut-être une girafe... que je ne rencontrerai jamais au cours de mes longs séjours. D'énormes manguiers annoncent le village où les concessions sont disséminées ça et là...

Cris, danses, foule, poussière... les funérailles battent leur plein. Nous nous insérons dans la foule en mouvement, en balancement, en cris. Les Saaba accordent leurs rythmes à ceux des musiciens... et cette longue marche sur cette colline nimbée de poussière dorée par le soleil couchant me laissera le souvenir d'avoir flotté dans un monde irréel.

Le repos dans l'ombre fraîche des manguiers, le repas autour des grandes marmites de riz, à terre, boulettes moulées avec la main, le mouton grillé dévoré à pleines dents, l'eau bue dans des calebasses passées de main en main, la palabre en mooré, des remerciements de la famille, le retour dans la faible clarté d'un croissant de lune, dans les mêmes cahots, dans le même accompagnement des tam-tams infatigables... Nouvelle immersion dans cette Afrique riche d'humanité, découvertes d'une vie à laquelle j'ai été conviée, découvertes que je considérerai toujours comme un privilège.

Passage d'amis français pendant quelques jours d'amitié vécue tous ensemble. Les Saaba sont prêts, sous la paillote, avec le village réuni, pour remercier de leur présence et des dons pour l'école, fêter ce départ, souhaiter "*bonne traversée*" et participer à la reconnaissance de tous : pagnes, objets d'artisanat offerts et emportés précieusement dans les bagages du retour.

Soirées chaleureuses où Blancs et Noirs unis dans la solidarité mêlent leurs danses, partagent les calebasses de dolo, où les jeunes des Saaba mesurent ce partage extraordinaire de l'accueil qu'ils reçoivent en Europe, et de cette musique qu'ils offrent ici, tout simplement, en remerciements.

Soirée d'une intense émotion pour moi, celle des adieux à ma fille et ma petite-fille venues d'Ecosse me surprendre pendant les vacances de Pâques. Danses endiablées d'Anne-Marie et de Carine avec Yvon, Koudbi, la troupe, des élèves, tous mes grands amis autour de mes enfants. J'avais si souvent rêvé de leur rencontre !

- *"Il faut laisser aux choses le temps de se faire..."* me disait avec sagesse Sita dans mon bureau du *Point Gorom* à Ouagadougou. Elles s'accomplissaient maintenant ces choses-là et j'étais comblée.

Départ vers Ouagadougou ce soir, avec la troupe. Elle est invitée à participer à une soirée organisée à la Maison du Peuple, par l'association A.T.T. Quart-Monde. Je suis invitée à les accompagner et nous parcourons, une fois encore, la route vers la capitale où nous ferons une entrée remarquée, au son des tam-tams qui auront résonné, inlassables, tout au long du trajet. Un pincement au coeur dans cette Maison du Peuple où j'avais vécu cette Nuit paysanne, Nuit de Saint-Sylvestre inoubliable.

Ils ont été parfaits, nos Saaba, à l'image de toutes ces troupes venues de partout, qui dansaient pour apporter un peu de bonheur aux peuples plus démunis qu'eux-mêmes. Ils ont su apporter leur jeunesse, leur qualité, la variété de leurs danses, variété de couleurs aussi, dans leurs pagnes superbes de la filature burkinabè Faso Fani. Et de longs applaudissements ont clôturé leur prestation.

Ils ont su faire honneur à leur pays quand, après une sélection rigoureuse et un entraînement des plus sérieux, ils ont été classés premiers en danse de synthèse au Festival national de danses, chants et magie, en mars 1988, au Théâtre Populaire, à Koudougou.

Cette soirée mémorable dont j'ai pu partager les émotions avec mes filles d'Ecosse, lorsque, dans cette nuit chaude et survoltée ont retenti les sirènes hurlantes du cortège officiel amenant le Président du Burkina et sa suite et que tout ce monde a fait son entrée, arborant bérets rouges de parachutistes, treillis de combat, armes à la ceinture... Nos mains se sont serrées, tremblantes d'émotion. Nous avons vibré de fierté et de joie quand tous ces jeunes ont offert à leur nation les danses des *Warba*, des *Cavaliers Rouges*, et les danses de séduction qui ont consacré leur victoire et pour laquelle Hélène, petite danseuse émue, a reçu un trophée de bronze des mains du Président.

La fin du spectacle nous retrouvait, tout en haut du

théâtre, sous les étoiles, attendant que le flot s'écoule, tandis que le cortège officiel repartait dans son concert de sirènes. La police circulait pour canaliser la foule, lorsque, tournant la tête, j'avisai le canon de l'arme du policier accoudé nonchalamment près de moi, braqué sur ma joue. Un frisson de frayeur me parcourut et je me dis que, décidément, les émotions ne me seraient pas épargnées.

Mais les Saaba ne se sont pas contentés de cette cérémonie officielle. Il fallait fêter cela dans la grande famille du Secteur Dix. Et, trophée en tête porté par une danseuse, la troupe au complet, percussionnistes en action, danseuses en tenue claquant des mains ont défilé dans les rues tortueuses du village, accompagnés par une nuée d'enfants qui grossissait à mesure.

S'arrêtant devant chaque concession pour une aubade, accompagnés des *youyous* du Gros Denis qui brandissait le coq blanc, fétiche vivant, ils ont terminé leur périple sous le manguier, chez Koudbi, où Yvon, Anne-Marie, Carine et Marie-Françoise, tout émus de cette fête touchante de simplicité, leur avaient préparé des rafraîchissements bien mérités.

Mérite des jeunes danseuses qui vivent la réalité quotidienne des gens de leur pays. Profitant d'un dimanche de liberté, elles partent en vraies femmes du village, cuvettes sur la tête, seaux à la main, laver au puits tous ces costumes de danse, ces costumes de fête, rutilants sous les lumières de scènes et les feux de la rampe, qui ravissent l'Europe.

Longue marche sous le soleil, descentes rapides des puisettes de caoutchouc, remontées pénibles de cette eau dégoulinante sur la margelle, pour rincer, rincer encore...

En fin de soirée, elles ramènent, comme leurs mères, dans la superbe cambrure de leurs jeunes corps de femmes africaines, ces lourdes cuvettes de linge mouillé. Elles essuient, elles aussi, d'un revers de main, ces gouttes de sueur qui coulent sur leurs visages poussiéreux...

Qui reconnaîtrait Moussa le danseur, Amado le percussionniste de talent quand nos vélos se croisent, le matin, dans le village, moi en route pour l'école, eux vers les marchés de brousse, montagne de fripes et de pagnes empilés sur les porte-bagages, à la poursuite de quelques sous. Moussa que j'aurai, l'année suivante, en alphabétisation, le soir, avec Marie, Kouka, Clémentine, danseuses pleines de charme, Moussa, mon meilleur élève, sortant à heure fixe pour s'agenouiller sur sa petite peau de chèvre et prier vers La Mecque, rentrant sans bruit et sans déranger personne... mon fidèle compagnon de nos retours tardifs, dans la nuit, jusqu'à mon portail bleu... Mado, une autre danseuse, élève au groupe dactylo... Hélène, Natacha, s'initiant à la couture...

Troupe Saaba que j'aurai plaisir à retrouver un peu partout en France, chez moi pour des spectacles en Aquitaine, dans cette belle propriété des Charentes, siège de l'Association de soutien à Benebnooma où ils aident volontiers aux travaux de la ferme... dans les Pyrénées, en Bretagne, dans le Lyonnais à Saint Jean de Toulas. Troupe Saaba avec laquelle je partagerai cette belle tournée d'un mois en Ecosse, un grand moment pour eux.

Jeunes enfants, débarquant en Europe pour la première fois il y a dix ans, à Marseille, se précipitant sur les poubelles de l'aéroport débordantes de pain jeté...Jeunes qui s'adaptent partout... Quand, après trois ou quatre mois d'absence, la fourgonnette jaune les descend devant la paillote, ils retrouvent, sans transition, la vie précaire qui est la leur... Mais qu'il est difficile de lire sur ces visages souriants un jugement sur leur vie si particulière.

*
* *

CHAPITRE VI

Coup au coeur pour la robe d'une femme qui arrive en mobylette, ce matin à l'atelier de couture : superbe tissu gris foncé, rebrodé sur le devant d'oiseaux rouges. Très heureuse de mes compliments, elle m'apprend qu'elle fabrique elle-même le tissu sur un métier à tisser, chez elle, taille, coud et brode à la main. C'est l'artisanat le plus pur, le modèle *Faso Danfani*.

Un prix élevé pour mon budget, mais je décide tout de même de lui en commander une semblable. Compliments de Pascal le tailleur, de l'atelier tout entier quand elle me l'apporte quelques jours plus tard. Je l'essaie aussitôt. Magnifique ! Et tout en causant, je lui apprends que je me rends au Salon International des Arts, un grand événement pour l'artisanat au Burkina-Faso. - "*Oh, Madame*", me dit-elle, "*je ne peux y aller cette année pour exposer, mais voudriez-vous porter votre robe, là-bas, et me faire ainsi, ma réclame ?*" Amusée, j'accepte sa proposition.

Ainsi la semaine suivante, dans les allées de cette superbe exposition qui regroupe tout ce qu'il y a de plus beau dans l'artisanat de nombreux pays d'Afrique, je déambule, admirative, vêtue de *la robe*. Je suis effectivement remarquée par certains journalistes qui couvrent l'événement. - "*Madame, s'il vous plaît, vous portez une superbe robe Faso Danfani, l'artisanat de Koudougou, toutes nos félicitations...*" Après m'être assurée qu'il n'y avait pas de caméra cachée, mais simplement un micro radio, je donne le nom de l'artiste et remercie des compliments reçus. J'avais espéré passer inaperçue. Je m'étais trompée. Je m'exécute de bonne grâce plusieurs fois dans la journée et quand, dans la soirée, au stand du Togo, je choisis une poupée pour offrir à Georgette, l'amie africaine de l'an dernier qui me reçoit chez elle, je suis assaillie de questions : - "*Madame, pourquoi portez-vous une robe Faso Danfani...? Madame, pouvez-vous nous donner vos impressions sur le S.I.A.O. ? Madame, pouvez-vous nous dire pourquoi vous choisissez cette poupée... ?*" Jouant le jeu jusqu'au bout, je réponds à toutes leurs questions avec plaisir, et pour leur plus grand bonheur. N'est pas star qui veut... sous toutes les latitudes !

Après quelques jours de repos et d'amitié, dans un confort bien apprécié, il faut se séparer. Georgette m'emmène en mobylette au départ des taxis-brousse, pour un retour à Koudougou. Scène de rue à Ouagadougou : Georgette à l'avant, moi sur le siège arrière, la tenant par la taille, mes bagages devant elle, entre ses jambes, et... un beau coq blanc vivant accroché au guidon, cadeau d'un Africain ami rencontré la veille.

Taxis-brousse d'Afrique, il faut les avoir pris, pour réaliser la misère de ce moyen de transport insensé. Une foule de gens, enfants, bébés, attendent... résignés. Deux ou trois véhicules sont là, bâchés le plus souvent : cabine, arrière couvert, porte-bagages sur le toit. Pas d'heure de départ fixée. Quand *un plein* de voyageurs est fait, on part. Le chauffeur commence à empiler les bagages, montagne hétéroclite, impressionnante. Georgette, qui tient à mon confort, m'offre une place un peu plus chère, près du chauffeur dans la cabine. Les gens s'entassent sur les sièges arrière... Embarrassée avec mon coq, le chauffeur, habitué à toutes les situations, me l'attrape... il ira rejoindre d'autres volailles piaillantes sous les sièges des passagers.

Enfin, coincée entre le chauffeur et une autre passagère, le véhicule s'ébranle, lentement... - "*Bonne route, Paulette !*" Et Georgette s'éloigne, émue... A l'angoisse des pièges tendus sur la route que je connais bien s'ajoutera celle d'un voyant rouge allumé en permanence sur le tableau de bord, d'une pédale de frein qui ne répond qu'à la cinquième sollicitation...

Des moyens réduits, une débrouillardise de tous les instants, ajoutez à cela une bonne dose de fatalisme, telle est la recette pour survivre en Afrique. De toutes façons le menu n'offre guère de choix. Le coq est arrivé à bon port, il a fait nos délices !

*

J'ai retrouvé avec un plaisir évident mon petit coin de

village, mon vélo, mes élèves, tous mes amis. Koudbi exulte, sa joie fait plaisir à voir : - "*Je t'annonce une grande nouvelle pour nous tous. La Fondation de France vient de nous attribuer une donation importante et nous allons pouvoir démarrer l'implantation de l'école sur la colline.*" La nouvelle est merveilleuse en effet et je partage cette joie, fruit de tant de détermination, de ténacité, de démarches. "*Tu te rends compte, j'ai réussi à les convaincre de l'utilité et du bien-fondé de ce projet qui est ma vie !*" Une émotion que je ressens profondément. Ce projet est aussi devenu ma vie et il est exaltant d'en vivre, sur place, la réalisation progressive. Yvon arrive avec les plans, aussi heureux que Koudbi, ces plans qu'ils ont réalisés, étudiés, refaits, remaniés maintes fois et que nous étalons, ce soir, sur le ciment de la terrasse, tous trois penchés sur cette future école.

Passant en vélo sur la colline, quelques jours plus tard, dans le petit matin, à l'heure où le soleil n'a pas encore fait trop de ravages, je ne peux m'empêcher de sortir mon petit Konica rouge du fond de mon sac pour fixer une image qui figurera dans les annales de Benebnooma : Yvon et l'entrepreneur, plans, mètre, ficelles, piquets en main, mesurant et délimitant sur le terrain les fondations de l'école qui seront bientôt attaquées à coups de pioche, dans la latérite.

*

Le soir, vers dix-sept heures, quand j'ai le temps, quand la chaleur amorce un léger répit, j'aime aller au jardin de l'école. Un vaste terrain clôturé, autour d'un point d'eau précieusement utilisé. Deux ans plus tôt, un don de l'UNICEF avait permis l'installation d'une pompe. Un conduit d'écoulement cimenté, aboutit à un petit bassin. Cette pompe fait la joie de Bartho et de tous les jeunes de la réinsertion qui viennent, par groupes, s'initier à la technique du compostage prônée par Yvon, planter et arroser quelques légumes, qui, nous l'espérons tous, pourront un jour améliorer le menu de notre cantine.

Un gros arbre, à l'entrée, près du portail. Son ombre est toujours pour moi une halte bienfaisante où j'ai plaisir à bavarder avec Bartho, à voir le ciel rosir au couchant, à récupérer un peu de la chaleur exténuante et du travail qui devient, dès lors, plus fatigant.

L'animation est grande autour de cette pompe : bonheur toujours renouvelé d'un point d'eau dans cette sécheresse où nos enfants pataugent, s'aspergent, s'éclaboussent dans de grands éclats de rire... Mais sept cents mètres environ séparent la pompe des plantes à arroser, et si nos jardiniers en herbe profitent au maximum de ces jeux d'eau qui les enchantent, il faut porter ensuite sur la tête les lourds seaux qu'ils déverseront sur les plantations.

Comme toujours, sans se plaindre, les petits Africains vivent toutes ces contraintes... mais l'enfant, sous toutes les latitudes, ne perd jamais l'occasion d'un jeu. J'assiste un soir, au spectacle de ce garçonnet, lourdement chargé sur la tête et à la main, poussant du pied un vieux ballon, depuis la pompe jusqu'au jardin, indifférent à tout ce qui l'entoure. Les seaux n'arrivaient pas pleins au potager, mais refaire le trajet en jouant n'était plus pour lui une corvée. Un autre débrouillard ramenait fièrement ses seaux sur la vieille brouette de Bartho...

Une innovation dans ce petit monde du jardin allait révolutionner les habitudes : l'année suivante, mes élèves, toujours à l'affût de nouveautés à apprendre, se trouvaient réunis autour de la pompe, cahiers, crayons en main, à l'initiative de Philippe, mon gendre d'Écosse, en visite au Burkina : disposant d'un niveau à eau sommaire, Philippe sut leur faire déterminer la dénivellation du terrain. Ils découvrirent ainsi que le terrain était légèrement en pente et que l'eau pourrait descendre toute seule de la pompe jusqu'aux plantations. Un canal d'irrigation et une fosse de réception pouvaient être construits .

Les pioches entrèrent en action : Philippe, Bartho, quelques jeunes, et un ami français arrivé entre-temps attaquèrent ce sol ingrat. Toute la communauté de Benebnooma suivait l'évolution des travaux et les suées des ouvriers au pic du soleil. L'ouverture du canal méritait une inauguration : les villageois sont convoqués, les élèves et les moniteurs aussi. Ils se retrouvent ce matin-là autour de la pompe. L'ouverture au bas du petit bassin de la pompe ayant été soigneusement bouchée, Bartho et les enfant se succèdent avec une joie non dissimulée pour pomper, pomper... l'eau monte dans le bassin bientôt plein. Solennellement, Bartho débouche l'ouverture et pour la première fois, l'eau s'échappe dans le canal tout neuf, petit filet de vie qui lentement traverse le jardin et va remplir la fosse du potager sous les acclamations de tout ce monde qui n'en finit pas de dire sa joie.

Irrigation dérisoire pour nous Européens accoutumés à l'abondance, mais comme j'ai su vibrer, là-bas, à ces joies simples, en communion avec ces gens pour qui toute nouvelle conquête est espoir. Dans le ciment frais de la fosse, on ne peut s'empêcher de graver en signe de solidarité *canal burkinabè-écossais-français...*

*

Et je découvre - j'avais quitté l'Afrique plus tôt l'an dernier - la chaleur torride, chaleur qui affecte tout le monde, Africains compris. Les grandes transpirations, la sueur qui colle à la peau, qui coule, que l'on essuie d'abord, et que l'on laisse couler ensuite, comme un mal sans fin. On boit, on boit... les bébés, souvent trop couverts, transpirent sur le dos des mamans. Ceux de Blandine, de Virginie, de Marthe boivent à grandes gorgées dans le premier récipient venu.

Les après-midi sont insupportables. L'Afrique subit aussi, elle vit avec, elle souffre. Je commence à rêver de fraîcheur dans mon univers européen, mais eux subissent, sans espoir ni rêve, cela s'ajoute au quotidien d'une vie qui ne les épargne en rien.

Ma chambre n'est plus mon refuge où j'aimais me nicher, le soir. Elle est devenue fournaise sous son toit de tôle. Le petit ventilateur ramené du marché brasse désespérément air chaud et poussière. Pas d'arbre dans ma cour, la terrasse est brûlante. Après le repas, nous nous retrouvons Yvon et moi sous le manguier de Koudbi où l'ombre épaisse et la douche proche nous procurent un peu de répit. Et, le soir pour dormir, il faut chercher la relative tiédeur là où elle se trouve... dehors. Le matelas sur la terrasse, sous ce ciel où les étoiles ont une telle intensité, je goûte un repos que je ne peux trouver nulle part ailleurs. Yamba, le fidèle, prendra lui aussi ses quartiers de nuit à la belle étoile, pour me rassurer, bien que l'Africain n'aime pas coucher dehors.

Des Européens de passage partageront volontiers ma terrasse et se plieront de bon coeur aux exigences de l'Afrique. C'est ainsi que j'accueillerai Leeve la jeune Belge, Marie-Françoise de Colombes, Anne-Marie et Carine, ma fille et ma petite-fille d'Ecosse... Anne-Marie, terrorisée à l'idée de dormir dehors le premier soir, nous rejoignait très vite, fuyant cette insupportable étuve.

Européens de passage. Autant d'ouvertures, d'espoirs, pour la poursuite du projet. Ainsi Leeve, jeune photographe rencontrée au cours d'une tournée en Belgique, vient offrir à Benebnooma sa part de solidarité, sa contribution à l'oeuvre entreprise. Elle apporte un laboratoire de photographie, reste quelque temps pour l'installer. Elle assure la formation de Paraté, jeune percussionniste des Saaba, qui deviendra moniteur photographe au cours des années suivantes. Problème de local, de chambre noire. Rien n'est insoluble et dans la maison que j'occupe, la pièce libre modifiée par le maçon du coin fera l'affaire. Révélateur et fixateur entreposés dans le petit frigo de Koudbi... Leeve et Paraté ont failli périr d'étouffement le jour de leurs premiers tirages !

Une amie arrivée avec Leeve a apporté de la laine. Et cela nous vaudra, sous la paillote, de réels moments d'amitié dans la bonne humeur. Qui m'aurait dit qu'un jour, au coeur de cette Afrique brûlante, j'apprendrais à des Africaines ravies à tricoter des chaussons de laine pour les bébés du village !

Européens de passage... rencontres des plus inattendues dans ce petit coin d'Afrique. Un homme d'un certain âge, chevelure et barbe rousses, apparaît un jour dans l'encadrement du petit portail bleu. Koudbi me glisse à l'oreille - "*Tu ne connais pas ?*" Et devant mon étonnement : - "*C'est Gaby Cohn-Bendit, le frère du leader de Mai 68 en France.*" Comment imaginer une telle rencontre, dans cet endroit ? Présentations chaleureuses. Yvon, qui a beaucoup d'amis à Ouagadougou, l'a rencontré un jour. De quoi a parlé Yvon ? De Benebnooma, bien sûr, de cette école pour les exclus. Et Gaby ? De son lycée de Saint-Nazaire, *lycée ouvert* où il accueille des jeunes qui ont abandonné leurs études, anciens drogués souvent. Un parallèle s'établit aussitôt, entre ces deux entreprises généreuses.

Gaby vient aujourd'hui lancer l'idée d'un projet qu'il a conçu : organiser une soirée à Ouaga, pour tous les coopérants enseignants français, soirée au cours de laquelle leur seront présentés Benebnooma et son lycée de Saint-Nazaire. Koudbi qui voit là encore l'occasion de faire connaître son projet accepte cette proposition avec chaleur.

C'est ainsi que la fourgonnette jaune reprendra le chemin de Ouagadougou emportant dessins, correspondance interscolaire, photos, panneaux, documents de toutes sortes. Nous emmenons Adèle et Ousmane représentant les moniteurs de l'école, Paraté pour les Saaba.

Et nous nous retrouvons, ébahis par ce luxe soudain dans un des salons de l'hôtel Indépendance, l'un des plus huppés de la capitale, disposant pour notre exposition de tables recouvertes de magnifiques nappes blanches. Belle assemblée de Français qui découvrent ces deux nobles projets, germés dans des lieux éloignés de la planète. L'un disposant de tous les moyens mis à sa disposition par l'Etat, l'autre à la recherche de ses propres ressources pour vivre. Les discussions qui s'ensuivent sont passionnées et fructueuses.

La soirée se termine chez Gaby, professeur détaché pour un an dans un lycée de Ouagadougou. Le repas pris en commun était impressionnant pour nos moniteurs attablés devant cette belle vaisselle, poterie artisanale de leur pays, entrevue peut-être dans quelque vitrine de luxe, mais dans laquelle ils n'avaient sûrement jamais mangé ! Gaby a convié tout le monde à dormir sur sa terrasse pour la nuit. Moi, j'ai eu les honneurs de sa chambre, appréciant, ô combien, un bon lit, un ventilateur bien réglé qui a ronronné toute la nuit, dans une pièce tempérée et... sans poussière.

*

* *

CHAPITRE VII

Malgré la chaleur de plus en plus difficile à supporter, l'activité continue à Benebnooma. Elle redouble, même, en pleine préparation de la kermesse annuelle et de la soirée théâtrale de clôture, le dimanche soir, sous la paillote. Une kermesse que Koudbi a imaginée, voici deux ans, afin de mieux faire connaître son projet et de récolter des fonds pour l'école qui en a tant besoin.

Les réunions de moniteurs se succèdent avec le plus grand sérieux. Chacun se voit attribuer une responsabilité, conscient de l'importance de la manifestation. Sur les stands, Koudbi veut présenter les traditions africaines : réparation de calebasses, identification d'objets anciens, reconnaissance de danses traditionnelles, confection de dolo, de *zoom-koom*, une boisson à base de petit mil pilé, de sucre et de gingembre.

Une cinquantaine d'affiches sont réalisées par mes élèves au dos d'affiches ramenées de France, un matin, tables dehors, sur la terrasse devant la classe. Yvon emportera les oeuvres d'art en ville, pour annoncer l'événement.

Invitations lancées aux autorités du Bulkiemdé auxquelles j'écrirai, une après-midi durant. Je décide d'instaurer une foire aux livres, livres envoyés de France, ce qui me vaudra des journées de tri, de classement. Des répétitions pour la soirée théâtrale qui se poursuivront des après-midi entières, dans la chaleur insoutenable d'une classe-paillote, que je n'aurai pas toujours le courage de suivre, mais que les moniteurs, insatiables, assumeront sans faiblir.

Des moments riches de complicité avec mes élèves, pour mettre sur pied un numéro de fakir que j'ai souvent exécuté en France. Nous l'accommodons *à la sauce africaine* avec la présence de griots et de sorciers qui enchanteront le public, pris au jeu.

Je vivrai cinq kermesses de Benebnooma. Chaque année

j'y retrouverai le même enthousiasme, le même sérieux dans la préparation assurée par les moniteurs, et les élèves responsables de stands. Kermesses de Benebnooma, chacun y apportera sa foi, son coeur et son imagination... Ce seront toujours des journées intenses, et l'on se retrouvera le soir, fourbus, mais heureux d'une communion sans réserves.

Cette première année donc, la soirée théâtrale remporte un tel succès, assure une telle recette aussi, en dépit d'un prix d'entrée très modeste, qu'il est décidé sur-le-champ, de profiter des jours de Pâques pour aller se produire dans trois lieux différents de la région.

Imaginez notre troupe ambulante d'une cinquantaine de personnes en déplacement pour trois jours et trois nuits : une véritable armée en campagne ! Tout le monde est sur le pont. Moniteurs, élèves, Français de passage participent dans la cour de Koudbi à l'embarquement du matériel : groupe électrogène, costumes de scène, instruments de musique, accessoires, matériel de magie... sans oublier la cuisine, il faut nourrir tout ce monde : grandes cuvettes, marmites, louches, riz, mil, légumes... piments. Nattes pour le couchage, il n'est pas question de matelas... Yvon est partout, empile tout ce matériel hétéroclite sur le porte-bagages de la fourgonnette, encourage, plaisante... Le groupe des Saaba qui vient pour les intermèdes s'impatiente sur les tam-tams... et, autour de cette agitation, une nuée de petits enfants du village qui ne veulent pas manquer le spectacle de ce déménagement.

Et le convoi s'ébranle pour Yako, la fourgonnette capricieuse en tête, sous haute surveillance car la mécanique est peu sûre, la bâchée derrière, en voiture-balai. Arrivée sans encombre à Yako. Succès de notre petite troupe sur la piste cimentée d'un dancing à la mode africaine. Mais la nuit se passe dans des conditions un peu trop difficiles pour moi. Je laisse nos artistes à Imasgo, la deuxième étape, et je reviens avec Koudbi, Tomousso et Anne-Marie... pour assister à mes premiers orages tropicaux, aussi soudains que violents. Un déluge de pluie qui mitraille les toits de tôle. J'ai reçu cette *pluie des mangues* comme un don du ciel, une oasis de fraîcheur dans un monde en feu, une vision soudaine de verdure dans cet univers ocre, une trêve bienfaisante, un mieux-être soudain qui me donnait des ailes, un moment extraordinaire que j'ai été heureuse de vivre avec ma fille, quand, prenant nos vélos d'un commun accord, nous sommes parties sous la pluie pour la recevoir, la boire, faire corps avec elle dans une explosion de rires et d'exaltation.

Ils sont revenus, nos saltimbanques, fiers de leurs exploits, encouragés par leur succès, en vrais artistes, gens du voyage, prêts à reprendre la route, au premier appel.

Après ces journées riches en émotions, un peu folles, épuisantes, j'ai apprécié de reprendre ma classe en douceur. J'ai laissé volontiers le relais à ma fille qui s'est plu à initier mes élèves aux premiers rudiments de la langue anglaise, pour leur plus grande joie, à Marie-Françoise qui a fait avec eux une correspondance ramenée en France à ses élèves, et m'a pris Ousmane, le soir, pour ses cours particuliers.

Et puis, tout ce monde est reparti, le rythme du travail a repris. J'ai retrouvé avec beaucoup de plaisir tous mes jeunes, la tête encore pleine de ces riches journées de fête, heureuse d'être revenue dans notre cadre habituel de sérieux et de bon travail.

*

Avril s'étire... Yvon discute souvent avec moi de son retour en France, il doit prendre une décision s'il veut conserver son poste à Poitiers... Laisser les enfants qui partagent sa vie, il ne peut s'y résigner... Il partira, oui, quand il aura accueilli en août les jeunes Français qui vont reprendre avec les nôtres le chantier des ateliers sur la colline pendant que Koudbi animera les camps E.D.F. en France. Se séparer de l'Afrique en douceur, traverser le Sahara avec un ami... son esprit vagabonde autour des mille façons de s'arracher à cette Afrique qui l'a absorbé tout entier, il est déchiré... Mais une certitude : il partira avec Nogma, l'aîné de *ses enfants* pour préparer l'arrivée des autres.

Avril s'étire... la chaleur m'accable... il faut que je me décide aussi... je suis fatiguée et pourtant je suis entourée de tant de sollicitude, de prévenance, d'incitations au repos, qui me prouvent à chaque instant l'attachement de tous... Je ne pourrai finir l'année scolaire, fin mai, tous le comprennent. Mais qu'il est dur de se résigner au départ !

Koudbi me propose de rentrer avec les Saaba qui s'envolent le sept mai pour leur tournée en Europe. Oui, j'accepte, ce sera moins triste, j'aurai l'impression d'emmener avec moi l'âme de Benebnooma...

Ce soir, avec toute la sensibilité et la délicatesse dont il est capable, Yvon m'annonce que, demain après-midi, il est obligé d'aller à Ouagadougou pour quelques jours et que... je serai partie à son retour ! Je prends conscience avec un serrement de coeur et des larmes que je contiens, toute la portée de ces paroles : je ne travaillerai plus jamais avec Yvon sur cette terre d'Afrique !

Refoulant notre peine, c'est dans ma classe, tous deux, que nous avons passé cette dernière matinée, penchés sur ces jeunes qui nous ont apporté tant de joies toutes simples, à qui nous avons donné ensemble le meilleur de nous-mêmes. J'ai savouré jusqu'à la dernière goutte ces ultimes instants de précieuse collaboration qui, jamais, je le savais, ne se renouvelleraient...

Le cinq mai 1988. Dans la soirée, mes élèves, Benebnooma au complet, les femmes du village, les vieux... se retrouvaient autour de la paillote... pour mon départ cette fois ! Pas de danse, ni de musique, ce soir, par respect pour un vieux du quartier que l'on vient de transporter à l'hôpital, très malade... Toujours cette attention aux autres...

Soirée intense en émotion où tous souhaitent me voir revenir, mais je ne peux leur laisser espérer. Il faut que je rentre, que je me repose, que je voie clair en moi, dans mes éléments retrouvés. Koudbi me dit toute sa reconnaissance, ses remerciements et ses paroles me vont droit au coeur.

Ma classe, aussi émue que moi, à la lecture faite par Théo de leur lettre rédigée en commun à mon intention. Théo, que je suis heureuse de ce choix ! Théo, le plus timide, le plus réservé, le plus sensible, le niveau le plus élevé de la classe aussi... Ce qu'il m'a dit, je ne sais plus... mais tous ces remerciements, ces cadeaux, cette gratitude à mon égard sont tellement sincères ! J'ai conscience de leur avoir apporté beaucoup, mais il me l'ont rendu au centuple !

Et puis, une femme du village vient me serrer la main très fort... Koudbi me traduit ce qu'elle ne peut m'exprimer qu'en mooré : - *"Merci d'avoir participé à la vie du village, merci d'avoir été présente à nos réunions, merci pour nos enfants..."* Remerciements émus de tous les moniteurs aussi qui n'oublieront jamais, pas plus que moi, les têtes penchées sur le travail à la bibliothèque, même dans la chaleur insupportable des derniers jours. Anne-Marie et Carine ne sont pas oubliées et on sait m'exprimer avec beaucoup d'émotion la joie de tous de les avoir connues, on ne les oubliera jamais... Et tous ces cadeaux que j'emporterai comme de précieux trésors, autant de témoins, pour moi, en France, de l'attachement de tous.

Enfin, la calebasse de dolo, que l'on m'offre en premier, que je passerai à un représentant des vieux du village, à Koudbi, puis toute l'assistance participera à la tournée générale. Repas pris en commun : riz-sauce, dans de grandes cuvettes, partagé avec mes élèves, très touchés de cette attention. Nous bavardons très amicalement, je ressens très fort dans ces causeries leur attachement pour moi et leur regret de me voir partir, car personne n'est là pour la relève. Ressentir à ce point le poids d'un départ, c'est inimaginable !

Et, le lendemain, à la pointe du jour, je suis montée seule sur la colline, je voulais faire ce dernier pèlerinage. Les classes-paillotes, vides à cette heure-là, le bâtiment d'école qui monte, quelques arbres çà et là qui poussent un peu, un espoir qui grandit, me semble-t-il sur cette terre désolée... J'aurais aimé partager ce dernier rendez-vous avec la colline, en compagnie de Koudbi, comme nous avions partagé le premier, où j'avais lu cette grande fierté dans ses yeux... Benebnooma, tu grandis, le pari qui a été lancé pour toi était juste... mais j'ai l'impression ce matin de laisser là une partie de moi-même, un étrange sentiment d'inachevé. J'ai choisi cette heure où il fait bon, c'est la paix avant la grande fournaise... là, je le sens, il me faudra revenir. Je le pense très fort au moment où la chaleur ne m'accable pas encore... Peut-on laisser ainsi une oeuvre inachevée ? Yvon, c'est vers toi que mon esprit se porte, cette absence, cette absence pour toujours sur cette terre d'Afrique où tu m'as consacré tant de gentillesse, de patience, de prévenances. J'aurais tant voulu vivre avec toi ces dernières journées, nous aurions sûrement eu encore des choses à faire ensemble ! Je vais passer voir *ses* enfants en sachant que je ne m'assiérai plus dans ce petit coin ombragé hors du monde où j'aimais me retrouver, où un petit chagrin était vite oublié.

Je pars avec la troupe, c'est bien. La séparation sera moins dure. J'emporterai le grand sourire de Koudbi jusqu'à Marseille et dans mon havre de France où je vais me reposer, mais où personne ne m'attend... Je sais que mille pensées vagabonderont très vite en moi, et je devine que, petit à petit, presque à mon insu, s'installera dans mon esprit... le besoin d'un nouveau départ et j'échafauderai des plans... éternelle errante, à la recherche d'amitiés fortes, et ici, Benebnooma, tu me les as offertes.

Mais la colline s'agite, des gens passent, les ouvriers ont repris le travail sur le chantier de l'école... je pars, je ne suis plus seule. J'ai savouré ce moment, que j'avais décidé, cette nuit, de vivre dans la solitude de la colline, au petit matin...

*
* *

CHAPITRE VIII

Le quinze octobre 1988. L'avion s'immobilise sur la piste de l'aéroport de Ouagadougou, quitté cinq mois plus tôt, n'aspirant qu'à retrouver un peu de fraîcheur et de mieux-être. Cette fois, ce n'est plus l'inconnu qui m'attend, je reviens poursuivre ce que j'ai entrepris. Cinq mois de repos mis à profit pour toucher des cordes sensibles, témoigner à l'aide de photos, établir un modeste relais d'amis actifs après mon départ, obtenir des promesses d'envois de livres, de dictionnaires et de fournitures scolaires, de machines à écrire, de vélos... Il me fallait poursuivre, touchée profondément par ce projet généreux vécu au quotidien, consciente de ses besoins, animée du désir d'ajouter un maillon à la chaîne de solidarité si bien amorcée déjà. De beaux mois d'été où Koudbi a pu venir voir le Bassin d'Arcachon où je vis. Il a compris, devant le spectacle de la forêt qui s'étend sous mon balcon, combien j'avais besoin de verdure, dans la grande chaleur, là-bas.

De beaux mois d'été où nous sommes allés en famille applaudir les Saaba dans ce soin si pittoresque de l'île d'Oléron, les encourager et les soutenir à la Foire aux huîtres de Gujan-Mestras. Koudbi a retrouvé son sourire quand je lui ai confirmé mon retour à Benebnooma... ce dont il était sûr au fond de lui-même, m'a-t-il confié !

*

Je foule pour la troisième fois le sol d'Afrique dans cette bouffée de chaleur qui me surprendra toujours. De la terrasse de l'aéroport où se pressent les curieux, retentit mon nom à la cantonade : - "*Paulette... Paulette...*" Quelle surprise d'être interpellée par son nom, à peine débarquée ! Amusée, je retrouve Téné et Regma qui manifestent bruyamment la joie de nos retrouvailles. Quelle émotion dans les embrassades de Téné, la solide poignée de main de Regma, et celle d'un Africain que je ne connais pas et qui me souhaite "*Bonne arrivée*". - "*C'est le frère de Koudbi*", me dit Téné, "*il habite ici et il a tenu à t'accueillir car Koudbi est encore en France*". Et le petit vendeur de balafons du Point-Mulhouse qui ne manque jamais de me souhaiter une "*bonne arrivée*" ou une "*bonne traversée*" si je repars... L'accueil plein de chaleur de l'Afrique est de bon augure pour mes actions à venir.

Délestée de mes bagages par toutes les mains désireuses de me soulager, des remerciements adressés à Vincent et au frère de Koudbi qui restent à Ouagadougou, et nous démarrons dans la voiture verte, en route vers le Secteur Dix. Dans ce véhicule confortable, auprès de Téné, aussi contente que moi de nous retrouver, bavardant comme deux vieilles amies, le trajet me paraît sans encombre, peut-être à l'image de l'humeur du moment.

Le grand sujet de conversation, c'est bien sûr la naissance de Soutongnooma, deuxième fils de Koudbi, né en France en septembre. Je suis investie d'une mission qui m'honore : annoncer cette naissance à son frère aîné, mari de Téné. Je m'exécuterai, consciente du privilège qui m'est réservé, écoutée avec le plus grand intérêt et remerciée chaleureusement. La force de la tradition orale n'a rien perdu de sa valeur en cette fin du vingtième siècle.

*

Il fait encore jour quand nous arrivons. Le village vert, méconnaissable, le mil partout dans ces rues où je n'ai connu que trous, poussière, ordures... le mil partout en longs et lourds épis blancs ou rouges, un étroit passage pour circuler... Je réalise à quel point la pluie peut modifier l'Afrique. Deux Afriques si différentes.

La maison de Koudbi, mienne à présent. Pour sa famille agrandie, il *fait construire* à l'autre bout du village... Le manguier, l'arbre à étages, la verdure autour du ciment de la terrasse, propre, rangée... un peu étrange de se retrouver dans ces lieux si chers et si pleins de beaux souvenirs... Le sourire de Mado qui m'accueille, Mado danseuse des Saaba qui occupera la maison cette année, Mado que j'aime bien, rieuse et spontanée. - "*Bonne arrivée, Paulette, Bernard est invité ce soir, mais ton repas est prêt...*"

Bernard, Parisien que j'ai rencontré en France, père d'un Volontaire du Progrès s'est offert pour tenir la comptabilité de Benebnooma. Un domaine que je lui laisserai bien volontiers et dans lequel il excellera... Nous allons partager la même maison pendant trois mois. La cohabitation ne sera pas toujours facile, mais restera très courtoise.

Un bonjour à la colline, dès le matin... Derrière les tiges de mil, la maison d'Yvon, le mur d'enceinte en partie détruit par les pluies, l'ombrière qui a mal résisté pend lamentablement... un grand pincement au coeur... passons vite. La colline verte, une métamorphose ! Les murs de l'école déjà hauts, l'atelier de couture, là-bas, après la cantine, couvert... d'autres murs sortent de terre, un peu partout, les chantiers de jeunes Franco-Burkinabè n'ont pas chômé pendant les grandes vacances. Un avenir en dur, là, sous mes yeux, que c'est réconfortant !

Le Burkina vert ! Mon vélo retrouvé, je découvre au village et à l'entour des spectacles qui m'enchantent, que je fixerai à jamais dans mon esprit : retours de moissons, femmes auréolées d'épis lourds dans le soleil couchant, petites charrettes débordantes de ces mêmes épis, tirées lentement par les petits ânes gris... Visions d'un autre âge, superbes dans leur antique simplicité. Fleurs d'oseille d'un rouge sang, coton éclaté en flocons blancs... Je me dépêcherai d'en emplir mes yeux car, lorsque les greniers seront pleins de cette richesse dont dépend la survie de tout un peuple, les chèvres et les cochons se chargeront trop vite à mon gré, de faire disparaître toute trace de paille de mil. L'harmattan aura tôt fait de teinter à nouveau ces feuilles qui oublieront la pluie... Eternel recommencement.

Il fait chaud, très chaud même, mais un sentiment tout nouveau cette année et qui me réconforte. Je sais que petit à petit, la chaleur va baisser et que décembre arrivera avec sa température bien agréable pour moi, si froide pour nos Africains. Je ne veux pas encore penser à février lorsqu'elle montera à nouveau, inexorablement, j'ai du temps devant moi !

Et la vie reprend son cours, doucement, un début un peu difficile et déroutant que je n'avais pas connu l'an dernier puisque j'avais pris *le train en marche* et plongé d'un seul coup, à fond, encadrée par ces deux personnalités si fortes et si enthousiastes.

Yvon, une présence qui plane partout, il n'est plus là... on évite d'en parler, on a peur de déranger des souvenirs trop présents encore, il faut laisser le temps aux esprits de se faire à cette absence inconcevable. Koudbi n'est pas là, il finit sa tournée en Belgique et en France et rentrera le treize novembre avec sa famille au complet. Il m'a demandé d'arriver plus tôt cette année afin de participer à l'inscription des élèves.

Et devant ma classe, sur la terrasse où nous avons installé une table, nous inscrivons tous les jours, au rythme lent de l'Afrique, que j'avais un peu oublié...

*

Le vingt-cinq octobre. L'école ouvre ses portes avec quelque cent cinquante élèves inscrits. Pour ma part, je m'occupe à nouveau du groupe *dactylo* en enseignement général. L'effectif est plus élevé. Je retrouve avec émotion mes garçons : Lazare, Marcellin, Marcel... plus de Théo ?... Théo, reçu à un concours de la police, est déjà en poste. Théo policier ! Théo doux, tranquille... dans ce métier dur et plein d'imprévus... Est-ce une première retombée de mon action ?

Maria, la sérieuse, la fidèle, est présente encore cette année. D'autres, nouvelles, grandes et belles... On s'inquiète un peu. Les inscriptions se prolongent, m'obligeant bientôt à diviser la classe en deux groupes. Le nombre des machines est insuffisant... On m'en a promis de France dans le convoi de janvier... Il faut tenir jusque-là.

Et je retrouve les mêmes satisfactions que l'an dernier, cette envie de savoir qui me surprend moins, mais qui reste aussi évidente, la conscience qu'ils prennent d'un avenir qui peut s'ouvrir à eux. Je retire de mes matinées passées avec mes deux groupes et de mes après-midi dans la bibliothèque avec les moniteurs le sentiment très réconfortant d'avoir fait du bon travail. Je m'adapte à ces jeunes, presque tous adultes. Je manie le sérieux et l'ironie quand il le faut, dans une juste mesure. Je crois qu'il n'y a rien de tel qu'une grande expérience et me revient souvent cette phrase inscrite dans le libellé de présentation d'AGIR : "*Le fruit de l'expérience de toute une carrière mise au service des pays en développement.*"

La confiance qu'ils me témoignent et les progrès réalisés au fil des mois seront mon plus bel encouragement.

*

Les jours passent... J'apprécie mon *chez moi*, mon manguier. Finis les retours angoissants dans la nuit après le repas du soir et la douche pour regagner ma chambre. Cette année j'ai tout sur place. Repos, corrections de copies sur ces sièges de toile que je connais bien, rêveries aussi vers ce portail bleu où j'ai l'impression que vont entrer mes deux compagnons de l'an passé... tandis que Bernard fait et refait ses comptes de la journée, un sourire de profonde satisfaction quand ils tombent juste. Comment peut-on se complaire dans ce domaine de chiffres qui est pour moi d'une telle abstraction ? Heureux Koudbi qui n'aime pas la gestion et qui a vraiment trouvé la personne qu'il lui fallait... je le soupçonnerai toujours d'avoir un flair spécial pour choisir ses collaborateurs.

J'appréhende un peu ces soirées de fin octobre, début novembre, fin de saison des pluies... dès que la nuit tombe, il faut allumer le néon de la terrasse. Une nuée d'insectes des plus variés fourmille et bruit tout autour. Je déteste ces bestioles qui se posent sur les jambes, les bras, le cou... et que, dans un réflexe, je chasse vivement. Bernard, dans un stoïcisme qui fera toujours mon admiration, lit tranquillement sa bible, assis sous le néon, sans broncher.

Les premiers soirs, l'apparition de deux ou trois crapauds sur la terrasse, sortant de l'ombre, m'impressionne. Mais le festin qu'ils viennent faire de tous ces insectes, en font vite de vrais amis dont nous guettons la venue.

Et puis, ces visites du soir, ces petites ombres noires qui se glissent sous le néon pour étudier leurs leçons sur des cahiers écrits serré afin de ne pas perdre de place, ces leçons d'histoire et de géographie se rapportant enfin à leur pays ! Les plus grands aiment bien discuter avec Bernard. Enfin, ces soirées de *Scrabble*, jeu que j'avais eu l'idée de mettre au fond de ma valise, et auquel nous avons initié des jeunes, passionnés. Les élèves ont souvent dépassé les maîtres, plus tard...

Le matin, pendant que je prépare mon cartable, arrive souvent la marchande de lait caillé. D'origine Peul, elle vit de son troupeau de zébus comme tous ceux de son ethnie, éleveurs nomades. Apparition colorée de pagnes plus vifs les uns que les autres, qui se profilent à l'entrée. Elle a trouvé ici d'excellents clients qui se régalent de sa préparation-maison. Grande calebasse sur la tête qu'elle dépose sur la table, elle ôte le linge qui la recouvre. Le contenu de deux ou trois petites calebasses-louches seront la base de notre repas du soir. Elle est venue toute l'année nous apporter son sourire matinal, puis elle a disparu, envolée, regrettée.

La belle verdure qui cerne la terrasse disparaît peu à peu, malgré les eaux de rinçage du linge ou des légumes que je ne lui ménage pas. Le portail fermé le matin est régulièrement ouvert à mon retour de l'école. Alors j'entame une chasse-poursuite autour de la maison jusqu'à ce que les chèvres aient repéré, affolées, l'ouverture béante dans laquelle elles s'engouffrent. C'est décourageant.

Petits détails de la vie qui prennent de l'importance dans une période trop calme à mon gré, où j'ai hâte de retrouver toute la famille qui est devenue un peu la mienne, les enfants, l'amitié, le brio, l'enthousiasme, les discussions, les bavardages qui ont été ma joie de vivre l'an dernier. La fourgonnette des Saaba, la Super-Goélette, attend elle aussi, sous l'autre manguier, de la cour.

Robert, Gnodé, Kouakou, Emile... enfants d'Yvon, qui ont retrouvé leur famille, un peu perdus. Ils aiment bien venir me voir, on parle d'Yvon, je les aide à faire des lettres... Kouakou durci, qui a perdu son joli sourire...

Ce soir, le cartable à terre, je goûte un repos bien gagné, après une après-midi très fructueuse passée en compagnie des moniteurs. Je savoure aussi les paroles qu'Adèle m'a adressées en sortant, un bel encouragement : - "*Merci, Paulette, ils sont très bien, tes cours, très intéressants...*"

*

Quelques instants plus tard, deux mobylettes s'arrêtent derrière le portail. Deux messieurs, inconnus, entrent dans la cour. - *"Alexis Paré, Directeur de l'Essor Familial"*..."*Gnampa Noufou, Directeur des Domaines.*" Serrements de mains, eau fraîche de bienvenue, toujours très appréciée.

- "*J'ai su que vous étiez revenue, je vous avais vue à une réunion l'an dernier. Je viens vous souhaiter la bienvenue et vous remercier de votre retour. Et je vous présente mon ami, qui, en dehors de ses activités aux Domaines, s'intéresse beaucoup à l'enfant, à son éducation. C'est un fervent partisan de la non-violence et de la paix dans le monde...*"

L'éducation, les enfants, la paix, autant de sujets qui me tiennent à coeur et autour desquels nous nous penchons tous trois, en discussions passionnantes, sans voir la nuit arriver... Comme nos idées se rejoignent ! - "*Nous sommes très heureux de vous avoir rencontrée, il faut se revoir, faire quelque chose ensemble...*" Et les mobylettes repartent dans la nuit... Je reste un peu ébranlée par cette visite, par cet échange de vues si commun, sur fond de paix universelle, dans ce décor de bout du monde.

*

Dimanche paisible. Je me repose. Je lis, j'écris beaucoup, à l'ombre. Bernard est sorti. Un enfant doit venir me prévenir du début de la réunion des femmes du village. Elles l'ont organisée en mon honneur, pour fêter mon retour parmi elles.

Et je retrouve l'ambiance de misère sous le manguier de la place, mais des femmes toujours décidées à se retrouver entre elles, heureuses de cette évasion dans le quotidien de leur vie. Elles renvoient sans ménagement un mari venu chercher sa femme pour rentrer le mil dans un grenier... Il repart, penaud.. La voilà, leur victoire sur le quotidien ! Femmes d'Afrique, béni soit le jour de votre émancipation... mais quel chemin à parcourir encore ! Et les habitudes se retrouvent, je pose des questions, demande des nouvelles... Téné, ma fidèle interprète traduit et l'on me remercie, je serre des mains... Téné compte les *pissi* que toutes les femmes ont déposés à terre dans la poussière pour garnir la tontine à elles seules réservée. J'y ajoute ma contribution, symboliquement. On a fait du dolo et je boirai la première, en invitée, dans la calebasse du partage.

Ce soir, Alexis Paré et son ami sont revenus me voir. Dans quelques jours, le onze novembre, c'est la journée de la paix. Ils ont décidé de profiter de la présence des enfants sur la place de la mairie, où un film leur sera projeté pour animer avec eux une causerie-débat sur la noble cause de la paix. - *"On passera vous prendre en mobylette, on vous ramènera..."* Je tenterai volontiers l'expérience.

Face à la mairie, au jour dit : une table, un micro, une carafe d'eau, trois verres et le trio d'adultes. Devant nous, une nuée d'enfants, piaillante, braillante. Ils sont venus pour voir un film, une occasion exceptionnelle pour ces enfants sevrés de distraction. Il nous est impossible de prendre la parole et je me sens tout à fait incapable d'obtenir un peu de silence.

C'est alors qu'Alexis Paré, dans un effort louable, tente de se faire entendre et se saisissant du micro, il leur lance : - *"Que sont capables de faire les Pionniers ?"* Et dans un hurlement : - *"De mourir pour la Patrie !"*..."*Comment sont les Pionniers ?"* ..."*Ils sont disciplinés"*..."*Quelle est la devise des Pionniers ?"* ..."*La Patrie ou la mort, nous vaincrons..."*

Je reste abasourdie, n'en laissant rien paraître, à l'image de nos énigmatiques Africains. Etrange dialogue enfants-adultes en prélude à un débat... sur la paix ! Il a quand même le grand mérite de réussir à ramener le silence dans les premiers rangs qui réalisent qu'il va se passer quelque chose. Gnampa en profite pour entamer la causerie, dire des choses très simples, très nobles, très généreuses sur l'esprit de tolérance, l'égalité entre garçons et filles. L'attention se maintient sur le devant, la foule à l'arrière, toujours aussi houleuse dans le bruit et la poussière, ignorant ce qui se dit au micro, attend l'image du film sur le mur.

Gnampa me tend alors le micro, je demande vainement un peu de silence, et réussis à placer moi aussi quelques paroles qui vont dans le même sens. Mais, débordés par ce bruit de fond incontrôlable, nous décidons d'abandonner et de reporter ce débat un peu plus tard, avec des élèves du secondaire. Ce n'est pas très glorieux, mais Gnampa est tout de même content d'avoir pu parler pour la première fois à des enfants, seuls, sur un sujet qui lui tient à coeur. Nous quittons Alexis sur des paroles de réconfort. *"Ce n'est qu'un premier pas, nous travaillerons à nouveau ensemble, merci beaucoup de votre collaboration."* J'aurai, en effet, au cours de l'année, d'autres occasions de collaborer avec ces deux personnes de qualité.

Et je reviens à la nuit tombante, sur la mobylette de Gnampa, heureux de continuer à discuter avec moi tout en roulant, alors que je me sentais tout juste stable, dans les cahots de la route, sur ce siège arrière des moins confortables. Afrique éternellement surprenante ! Afrique contradictoire, Afrique qui tente beaucoup, qui veut espérer, mais qui a tant à faire !

*

* *

CHAPITRE IX

Envolée la monotonie des premiers jours, les rêveries alanguies sous le manguier. La maison vit à plein. Je m'y retrouve dans mon besoin d'amitié, de chaleur humaine.

Le treize novembre. Comme prévu, la voiture verte et la Super-Goélette ramenaient les Saaba et la famille Koala au complet. La maison neuve n'est pas prête pour recevoir la famille. Deux mois encore sont nécessaires. Nous le savions, mais attendions les décisions familiales. Elles sont prises sans l'ombre d'une hésitation : il n'est pas question de déloger qui que ce soit, on se serrera tous dans *notre* maison. Plan de bataille vite établi et adopté. Paulette gardera sa chambre. "*Pas de problème !*" Bernard propose de laisser la sienne, la grande, pour les parents et les enfants et d'aller coucher chez les Volontaires du Progrès, amis de son fils, avec lesquels il entretient d'excellentes relations. Sa proposition est acceptée. Le vélo neuf dont il a fait l'acquisition et qu'il entretient amoureusement est équipé d'une bonne lumière qui lui permettra, de rejoindre son logis à la nuit tombée. Mado couchera dans la grande salle, comme elle le fait déjà. Tomousso préparera le repas pour tous, à l'africaine. On l'aidera financièrement et matériellement, chacun suivant ses moments libres. Et la maison se met à vivre à plein, dans la bonne humeur, une cohabitation difficilement concevable chez nous Européens, où tout est dérangement, où tout est mûrement réfléchi et pesé.

A la fin des matinées de classe, j'aide avec plaisir Tomousso aux derniers préparatifs du repas et la petite table nous trouve réunis sous le manguier. Nonguebzanga a grandi, toujours adorable. Il part chaque matin trouver Adèle sur la colline, et je pouponne à mon aise avec ce nouveau Soutongnooma qui est tout sourire...

J'apprends à connaître Tomousso, à peine entrevue l'an dernier, intelligente et vive, qui prépare un mémoire d'anglais après son année à l'université d'Accra. Je découvre ses difficultés d'intégration dans cette ethnie Mossi dont elle a d'abord dû apprendre la langue, et la méfiance des femmes du village envers cette *étrangère* qu'elles n'ont pas admise spontanément. Je découvre aussi l'origine de la petite croix faite à Nonguebzanga sur sa joue gauche. A l'insu de Tomousso, la grande famille Koala a décidé pour le bien de l'enfant de le protéger de l'oiseau maléfique, porteur de convulsions et d'épilepsie. Tomousso est bien décidée à protéger le plus jeune de cette marque qui n'a aucune signification chez les Peuls.

Cette même petite croix, je la verrai sur la joue du bébé de Blandine, né pendant mon absence. Et, comme je lui en demandais la raison : - "*Qui te dit, Paulette, que l'oiseau n'est pas passé sur mon ventre quand j'étais enceinte ?*" Qui oserait se permettre de contredire cette mère, toute imprégnée de la spiritualité de l'Afrique ? J'écoute toujours ces croyances avec le plus grand respect.

*

Un joli couple Tomousso-Koudbi, symbole de l'émancipation, d'une vie tellement élargie par rapport à celle des femmes que je côtoie tous les jours. Fille de chef née dans un village Foulbé, elle en garde toujours la prestance, un peu aussi ce sens de l'autorité qui ont rendu peut-être son intégration plus difficile.

Tomousso qui se cherche, qui hésite à donner une suite à ses diplômes, qui a accepté la vie que Koudbi s'est choisie avec tout ce qu'elle implique pour elle d'imprévus : démarches officielles, horaires décousus, séjours à l'étranger... Une vie dont je vis l'écartèlement au travers de notre cohabitation, cette vie de partage qu'il dispense généreusement à tous, sans oublier ses enfants. Nonguebzanga, en vrai petit Africain, sait lire dans les yeux de ce père qu'il adore toute la tendresse qu'il lui réserve, et le sourire de Soutongnooma efface les pleurs dans les grands bras, dans ce fauteuil de toile tant apprécié au soir de journées harassantes.

*

Yvon n'est plus là. Nous nous retrouvons seuls, Koudbi et moi pour que Benebnooma continue, seuls pour discuter des projets qui meublent son esprit, toujours en quête. Là-bas en Europe, entre deux concerts, il a échafaudé... Il voudrait que les adultes du village profitent de l'enseignement et rêve de cours du soir d'alphabétisation, puis de cours de rattrapage du Certificat d'Etudes Primaire, diplôme encore en valeur dans ce pays pour de petits emplois, pour tous ces jeunes rejetés après un échec, pour tous ces adultes auxquels une chance d'éducation serait offerte pour la première fois. "*On se serrera les coudes pour assurer, j'ai même des propositions d'instituteurs à la retraite...*"

Il faudra attendre l'an prochain pour voir ce dernier rêve réalisé. Il faut savoir être patient. Un proverbe africain ne dit-il pas : "*Le talon a beau se presser, il ne pourra jamais dépasser les orteils...*"

L'alphabétisation est rapidement mise en place. Dans ma classe, qui dispose d'un néon, tous les soirs, de dix-huit heures à dix-neuf heures trente, je prendrai un groupe des plus hétérogènes : des femmes que les maris viendront chercher en mobylette, après les cours, côtoyant les plus jeunes de la réinsertion, quelques danseurs et percussionnistes des Saaba, Paul le moniteur de la menuiserie, Yamba mon gardien de l'an dernier, d'autres femmes venant s'ajouter, un peu timides au départ... mais tous, touchants de bonne volonté, aimant bien venir, assidus.

Scènes attendrissantes marquées à jamais dans ma mémoire. Salam, le gardien de nuit de la bibliothèque, est plein de bonne volonté, mais son esprit suit avec de grandes difficultés. Son fils Boukary, douze ans, assiste au même cours que son père. Enfant gentil, sensible, émotif, qui va lentement mais méthodiquement. Je me penche souvent sur Salam, évitant de l'interroger, pour ne pas voir le regard de Boukary au supplice d'entendre son père donner une mauvaise réponse. Si malgré toutes mes précautions, le père doit quand même répondre, Boukary, en désespoir de cause, souffle à son père la bonne réponse... que je feins de ne jamais entendre. Efforts désespérés de Boukary qui essaie de sauver ainsi l'honneur de cet homme, son père. Par contre, je ne ménage jamais les encouragements prodigués à Boukary. Le père s'en attendrit toujours autant que le fils.

*

Moi aussi, je suis revenue de France avec un projet dont je me décide à parler à mes élèves, aujourd'hui. J'ai ramené d'Ecosse, une petite brochure faite par des jeunes pour présenter un projet, sous forme de bandes dessinées, de dessins humoristiques, de mots croisés, un ensemble attrayant et plein d'idées. Je le fais voir à chacun de mes groupes qui, évidemment, me disent : *"Mais c'est en anglais..."* Je leur demande de ne pas voir le texte, mais l'esprit de la brochure.
- *"Aimeriez-vous présenter Benebnooma à vos parents, à nos amis français, sous cette forme attrayante qui pourrait être une sorte de journal...notre journal ?"*

Pas de réaction immédiate, jamais de réponses spontanées ou explosives comme chez nos petits Français, je commence à les connaître, j'attends... Et, petit à petit, la classe s'anime. Chacun émet une idée, une opinion, discutée, revue... c'est adopté. Je leur propose d'en réaliser un exemplaire que nous offrirons à Koudbi, pour Noël.

Alors les talents se découvrent, les imaginations s'aiguisent, Benebnooma s'étale en bandes dessinées, en bulles qui animent les personnages, en devinettes, mots croisés... un peu maladroit, certes, mais pleins de promesses pour l'avenir. L'étrange personnage sorti tout droit de l'imagination des petits Ecossais voisine, sur la couverture, avec notre paillote, mais peu importe. Je guide pour la mise en page, et au jour prévu, Koudbi, appelé pour un entretien particulier, se verra remettre, bien enveloppé pour la surprise, le premier journal de Benebnooma qui fera sa joie. Son émotion est sincère. - *"C'est un projet que je caressais depuis longtemps, mais je n'avais aucune idée pour le réaliser".* Félicitations bien méritées à tous. Il leur demande la permission de m'embrasser, la joie est à son comble !

Journaux de Benebnooma, nous en ferons quatre chaque année. Ils seront le reflet de la vie de l'école. Mes jeunes reporters en herbe, seront toujours à l'affût, papier et crayon en main, d'un croquis à faire, d'une interview avec un visiteur. Leurs reportages seront de mieux en mieux élaborés, découvriront des talents sûrs, les textes revus en cours de français... Tout cela nous vaudra des moments d'intense collaboration toujours amicale quand, profitant du départ d'un Français pour lui confier l'original à reproduire, nous nous réunissions chez moi, le soir ou le jeudi, sous le manguier, pour finir un dessin, repasser au stylo noir les textes au crayon, coller les pages recto, verso... travail et joie en commun, plaisir de l'eau fraîche de mon frigo, partagée avec tous ces jeunes, valorisés. Un de mes plus beaux souvenirs...

Mérite de cette entreprise un peu folle. Nous faisons les originaux, mais ne disposons d'aucun moyen de reproduction sur place. Tout se fait donc en France, avec les délais des courriers, les occasions de passage, les soucis, les attentes vaines, les espoirs déçus... Bientôt la Fédération des Oeuvres Laïques de Poitiers assurera la diffusion chez les amis, en France. Quand, l'année suivante, la mairie d'Arcachon se prendra au jeu, me les reproduira à l'envi avec des couvertures de couleur, quand je pourrai les faire parvenir en nombre à Benebnooma, en donner un exemplaire à mes journalistes et illustrateurs, confier les autres à la bibliothèque, je serai satisfaite. L'imprimerie actuelle de Benebnooma nous aurait bien facilité la tâche, mais aurions-nous ces beaux souvenirs que je garde en moi et que ces jeunes n'oublieront pas ?

*

A la maison bleue du manguier, la vie communautaire continue, riche d'amitié, de travail partagé. Le dix-huit décembre, j'irai avec Regma, à l'aéroport de Ouagadougou accueillir Philippe qui nous arrive d'Ecosse. Aucun problème pour le loger, Mado mettra le soir son matelas dans la petite cuisine et Philippe dormira dans la grande salle : le mari d'Anne-Marie, le papa de Carine, doit rester avec nous dans la grande famille.

Et il est vrai que ce mois passé auprès de lui, sera un mois extraordinaire. Il saura gagner le coeur de tous, toujours efficace, compréhensif, plein de drôlerie. Philippe qui s'investira à plein au jardin, avec Bartho, fabriquera le compost suivant la méthode de Pierre Rabhi, imaginera des brise-vent, construira le petit canal pour l'arrosage... Philippe qui s'investira aussi avec les jeunes du Lycée de Koudougou, informés qu'à la bibliothèque de Benebnooma se tiendront des cours de conversation anglaise, le soir à partir de six heures, gratuits et ouverts à tous.

Quand nous rentrions tous deux, à la nuit, moi, après avoir enseigné les rudiments de lecture et de langage aux plus déshérités, lui, après ces cours à des lycéens plus instruits mais si démunis dans l'apprentissage de la langue, nous éprouvions la satisfaction très forte d'un beau travail accompli en totale solidarité. Et nous retrouvions avec plaisir le repas de Tomousso et l'amitié, autour du grand banc de bois, la table étant trop petite pour nous tous. Et les petites ombres du soir, sous le néon, s'étonnaient de cette langue étrange dans laquelle Philippe, avec sa drôlerie, continuait à s'exprimer.

*

Tous les matins de classe, la paillote s'anime. Sous la conduite d'Athanase, Paraté et quelques danseuses des Saaba, des petits de l'école viennent s'entraîner qui aux percussions, qui aux rythmes, comme je le leur verrai faire si souvent en Europe, dans les ateliers qu'ils organisent à leur passage, dans les écoles. Koudbi réalise un autre de ses rêves : introduire à l'école la musique et les danses africaines. Talents qui se découvrent, relève qui s'assure pour les Saaba. Il ne faut pas oublier que pour gagner le pari lancé, on ne tendra jamais la main. La culture africaine mise au service du développement de Benebnooma, sera toujours la condition même de sa survie.

Grand événement à Benebnooma ce matin : première étape d'un pari qui se gagne, d'un rêve qui devient réalité. Transportées dans la Super-Goélette, les machines à coudre ont quitté la maison du village et sont installées dans l'atelier construit sur la colline. Joie de tout ce petit monde de la couture autour de Solange, qui a remplacé Pascal. Cet atelier est si utile dans ce coin d'Afrique pas encore envahi par le prêt-à-porter. Le tailleur est roi, au village, au marché où les machines à coudre ronflent dans les ruelles sombres des souks, dans les petites boutiques aux enseignes naïves qui jalonnent les rues des grandes villes.

Et mon troisième Noël sous le soleil d'Afrique s'annonce. Danses, musique sur la terrasse, maison ouverte à tous, comme l'an dernier. Noël sans Yvon... mais je suis sûre que ses pensées, cette nuit-là, par-delà les distances, étaient sur cette terrasse de ciment. Koudbi était sur les routes, parti chercher des amis français à l'aéroport, un trajet qu'il fera plus fréquemment à mesure que le cercle de la solidarité s'agrandit. Une journée superbe, en brousse, où la grande famille élargie, des moniteurs, quelques élèves-rédacteurs du journal de Benebnooma, quelques jeunes des Saaba ont embarqué dans la Super-Goélette : cuvettes de riz, bidons de dolo, tam-tams, calebasses et balafons et, en dernier le malheureux mouton, affolé dans ce bruit. Il vit ses dernières heures, avant de nous être servi en méchoui dans la savane africaine. Philippe, avait pensé que le mouton était emmené pour prendre l'air de la savane... une sortie du dimanche pour se dégourdir les pattes. Cette savane où je rêvais de lions, de tigres, de gazelles, j'y retrouvais le décor des livres de géographie de mon enfance. La musique et la danse terminaient bien sûr, cette originale journée de Noël.

Journées de détente pendant ces vacances où il fait bon, où la chaleur est agréable le jour, où j'apprécie des nuits fraîches dans ma chambre sous un duvet douillet. Philippe est au jardin. Les matinées je les passe au bureau d'information à la paillote, à mettre à jour le courrier de Koudbi, un peu débordé cette année, qui comprendra la nécessité de se faire aider face à une activité croissante.

Marché avec Tomousso et Koudbi, l'occasion de se retrouver dans quelque petit bistrot, comme il y en a tant. Je suis toujours surprise de la popularité de Koudbi, de ses grands bonjours à la ronde ponctués de grands rires, de ses solides poignées de main, vraiment l'enfant du pays.

Ce matin, dans un de ces petits bistrots *de luxe* où les chaises de fer rouillées remplacent les bancs de bois, Koudbi et le patron se racontent de bonnes histoires, en mooré bien sûr, ponctuées de grands éclats de rire. Souvenirs de jeunesse, sans doute, auxquels Tomousso et moi, sommes étrangères. Et, se tournant vers nous : - "*C'est dans ce restaurant que je venais souvent, chez son père, à la sortie de l'école, pour récurer les grands plats de riz une fois les clients servis... il fallait se débrouiller si l'on voulait manger.*" Et leurs rires reprennent de plus belle. Afrique qui rit de ses misères, pour ne pas en pleurer!

Tout en dégustant d'appétissantes brochettes arrosées d'un délicieux jus de tamarin, je songe au chemin parcouru par ce petit garçon pauvre, pauvre parmi les plus pauvres, qui ne s'est pas pris au piège de la facilité dans cette Europe où il voyage si souvent. Cette enfance difficile l'a marqué au point de consacrer sa vie à ses petits frères de misère alors qu'un avenir facile et tout tracé s'ouvrait à lui.

*

Je mets à profit ce repos pour penser mon alphabétisation du soir. Une petite révolution à la rentrée scolaire au Burkina : le ministère a publié le premier livre africain de lecture courante, *Lire au Burkina*. Sensibilisation et formation auprès de tous les instituteurs du pays qui ont participé à des journées pédagogiques. Notre modeste budget ne nous permet d'acheter que quelques exemplaires de l'ouvrage. Ne rêvons pas. Avec un gros rouleau de papier blanc arrivé par le dernier convoi, armée d'une batterie de stylos-feutres, règles, crayons, gomme, je reproduis, à grande échelle, les pages du livre. J'utilise les compétences en dessin découvertes dans ma classe et dans tout Benebnooma pour réaliser les illustrations très simples. Ces grandes pages, toute la classe pourra les lire de très loin, ils s'en contenteront. Mais quel plaisir à la fin de la classe, au cours d'une pause, de pouvoir toucher, feuilleter à loisir les quelques livres que je laissais sciemment sur ma table, à leur intention. Valeur sacrée du livre, là-bas, un respect que je redécouvrais, habituée à notre société de consommation.

Lorsqu'à mon départ, je remettrai à chacun un livre usagé de nos cours préparatoires, venant de France, ils le recevront comme un cadeau inestimable.

*

Ces "camions du Père Noël" comme nous disions, arrivant dans un nuage de poussière, par une journée d'harmattan comme le Sahara nous en réserve si souvent dans sa fureur. Ils nous apportaient quatre énormes caisses de fournitures scolaires et de bureau, fruits de la solidarité des écoliers et de la mairie d'Arcachon. Promesse faite avant mon départ et tenue au-delà de mes espérances. Et l'école réunie au grand complet, en ce matin de janvier, sur la colline autour des poids lourds.

Les Saaba en action, c'est la grande joie autour de nos amis charentais, partis avec les camions de ce petit village de Mouthiers, début décembre. Ce charmant petit village au bord de la Boème a connu Koudbi alors qu'il était encore étudiant à Poitiers. Il n'a cessé de soutenir son projet et la municipalité a créé une association de soutien à l'école l'EASBK, devenue à présent une ONG burkinabè.

Donc, nos amis arrivaient au terme de leur long périple à travers le Sahara pour apporter à nos petits Africains des trésors venus d'un peu partout. Tous ces généreux donateurs, dont certains m'étaient connus et auxquels je pensais très fort. Koudbi, très ému, les remerciait chaleureusement au nom de Benebnooma. Paraté, le jeune moniteur-photographe de l'école, ne se privait pas de fixer ces instants inoubliables et les photos, développées dans notre laboratoire transféré cette année près de ma classe, partiront vers ceux qui avaient contribué à cet échange. Une chaîne humaine de maillons français et africains déchargera dans la bonne humeur générale.

L'après-midi retrouvait l'équipe Saaba au complet sous la paillote où tous les gosses du village, ravis, étaient invités à danser pour fêter ce grand jour, sous l'oeil amusé et connaisseur de Koudbi qui dansait au milieu d'eux en savourant sa joie.

Une joie similaire touchait quelques semaines plus tard le coeur de tous les élèves de l'école quand un autre convoi, venu de Vendée, avec d'autres amis fidèles, apportait des bureaux scolaires. Il fallait voir la fière allure de nos classes-paillotes dans ce changement de décor, les regards pleins d'étonnement, les petites mains qui caressaient le vernis, et tous ces enfants un peu perdus dans ce nouvel environnement.

Combien en verrai-je de ces lourds camions, gravissant la colline, empruntant plus tard le large portail de Benebnooma enfin clôturé, pour la joie de tous. Ils apporteront les lourdes machines des ateliers, l'imprimerie, des vélos, des mobylettes en état ou à réparer. Fréquemment, ils transiteront par Lomé, au Togo. Mais l'image des premiers, dans la nudité de la colline, accueillis par les percussions africaines, restera gravée dans ma mémoire.

CHAPITRE X

Nous vivons, à la maison bleue, nos derniers jours de cohabitation. Jocelyne, Gérard, Eric, nos intrépides convoyeurs, Lulu, professeur au lycée de Cohn-Bendit, partagent avec nous la joie et la bonne humeur de nos repas autour des bancs de bois, sous le manguier. Vraiment, de grands moments d'amitié, des liens très forts autour du but commun pour lequel chacun se donne, à sa manière, de tout son coeur.

Mais la maison neuve est prête : un soir, la famille déserte la vieille maison bleue... Nos convoyeurs-paysans reprennent l'avion. Les travaux des champs ne leur permettent pas une longue absence. Lulu rentrera avec ses élèves. Philippe aussi nous quittera, après une petite cérémonie au jardin, ce lieu où il a laissé sa marque, entouré de tous ceux qui l'ont apprécié à Benebnooma et de ses élèves des cours du soir ... cérémonie chaleureuse et simple où les paroles qui se sont dites lui sont allées droit au coeur. Les deux papayers qu'il plantera au jardin ce jour-là seront la preuve tangible de son passage.

Il m'arrivera souvent, un peu de nostalgie au coeur, d'aller trouver Bartho le soir, au jardin. Il pompera avec les enfants et tous deux, nous suivrons le petit filet d'argent, jusqu'à la fosse du potager. Et nous arroserons les papayers.

*

Ce matin, à l'Information de la paillote où Koudbi m'a fait appeler, je trouve Alexis Paré que je croise quelquefois sur sa mobylette. Son - "*Salut, la Douce*" lancé joyeusement, m'amuse toujours.

- "*Voilà*", me dit Koudbi, "*nous avons l'intention d'utiliser la télévision locale pour réaliser une série d'émissions sur la jeunesse. Chaque semaine, un sujet différent sera proposé. La série commence dans huit jours avec pour thème l'éducation. Trois participants seront sur le plateau pour présenter le sujet et répondre aux questions que les auditeurs poseront, par téléphone. Alexis sera là avec un collègue et il me propose que Benebnooma soit le troisième interlocuteur de l'émission...*" Et comme je trouve cette idée fantastique : - "*J'ai pensé que, connaissant Benebnooma, ses origines, ses projets, son avenir autant que moi, tu pourrais très bien nous représenter à leurs côtés...*"

Parler à la télévision, répondre aux questions, je n'ai jamais fait cela. Pourquoi moi, une *Nassara*, une Blanche ? Et si je ne sais pas répondre, s'il y a des questions pièges ? "*Je serai là, près de toi, hors caméra, je te soutiendrai, mais je suis sûr que ça se passera très bien...*" Je ne suis pas du tout convaincue, mais je veux bien essayer. Après tout, c'est une autre expérience à tenter.

Au premier étage de l'Office des Postes et Télécommunications, dans un petit studio rudimentaire, tendu de pagnes locaux, une grande table nue, un téléphone au milieu, trois fauteuils fatigués face à la caméra. Un jeune caméraman, qui était sur la colline l'autre jour, vient me serrer la main. Une jeune machiniste porte son bébé au dos. Même ici ! Koudbi est dans mon champ de vision et je me surprends à parler de ce Benebnooma qui me tient à coeur, avec toute ma foi et mon enthousiasme. Les sourires et les assentiments de Koudbi me réconfortent. Le téléphone est une épreuve plus difficile. Sur le plateau nous sommes tous agréablement surpris de l'intérêt suscité et du nombre important d'appels. Je crois que nous avons réussi notre premier examen télévisuel.

Les poignées de mains chaleureuses à la sortie, au pied de l'escalier, fortifient en nous le sentiment que la voix des enfants d'Afrique s'est fait entendre plus loin.

*

La maison au manguier a retrouvé son calme, un grand vide après ces deux mois d'une riche intimité. Il m'arrive souvent d'aller à la grande maison neuve. J'y retrouve les visages amis, les enfants, mais la demeure trop neuve n'a pas encore d'âme, elle ne respire pas l'Afrique... Et je reviens avec plaisir vers mon arbre, mes fauteuils de toile, ma petite table basse. Là je me sens chez moi...

Un nouveau compagnon partage notre vie. Koudbi nous a demandé de bien vouloir héberger quelques jours un ami burkinabè, de Bobo-Dioulasso. Nous acceptons volontiers. Très courtois, plein de discrétion, il s'installe dans la grande salle, partage nos repas. C'est un compagnon très agréable qui s'intéresse à toutes nos activités. Il reste réservé sur sa vie, mais nous respectons sa discrétion. Je l'aperçois souvent sur la colline. Quand je parle de lui à Koudbi, celui-ci me répond par une boutade avec un grand éclat de rire. Un soir cependant, je le trouve installé sur la terrasse, consultant attentivement un gros paquet d'archives de Benebnooma.

- *"Je suis un ami de Koudbi, compagnon d'études. Nos chemins se sont écartés, mais j'étais au courant de son projet qui ne m'avait pas surpris, connaissant sa générosité et son charisme. Il est venu chez moi, dernièrement, et m'a exposé son plan : Yvon n'est plus là, c'est une page tournée. Bernard va bientôt repartir, vous aussi. Il va retourner en Europe avec la troupe. Cette situation le préoccupe beaucoup, Benebnooma ne peut pas rester sans tête. En juillet et en août, de jeunes Français viennent travailler à la construction des ateliers sur la colline, il faut quelqu'un pour les accueillir, pour les encadrer. Je ne suis pas enseignant, mais nous avons beaucoup travaillé ensemble à Bobo-Dioulasso avec des jeunes de tous âges et nous formions une excellente équipe. Il a donc pensé à moi... Mais ce qu'il me propose est très sérieux, c'est une décision que je ne peux prendre à la légère. Je ne peux accepter avant de me rendre compte sur place, c'est la raison de ma présence ici. Si cela m'intéressait, il serait très heureux que je puisse le seconder toute l'année. Je vais encore réfléchir, puis je repartirai à Bobo-Dioulasso exposer tout cela à ma famille. Si j'accepte, ce sera pour de bon, je ne reviendrai pas sur ma décision."*

Koudbi voit loin, il poursuit son idée méthodiquement, prend seul ses responsabilités, garde ses soucis pour lui, résout ses difficultés, gagne son pari, avec acharnement. C'est ainsi que Raymond Sow va entrer dans l'univers de Benebnooma. Il est encore à Benebnooma quand j'ai le plaisir de revoir Gnampa

Noufou, en visite amicale. Et tandis que nous rappelons des souvenirs encore frais à nos esprits : - *"Vous savez combien l'éducation des enfants me passionne. J'ai proposé à Koudbi d'organiser ici même, pour tous les moniteurs et enseignants de Benebnooma, un séminaire étalé sur deux jours, au cours duquel nous échangerions nos points de vue sur l'éducation... il est toujours bon de réfléchir ensemble sur cette question déterminante pour l'avenir des enfants... Qu'en pensez-vous ?"* Ce que j'en pense? Il sait fort bien que j'applaudirai toujours à toute initiative qui cherche à valoriser Benebnooma. Et l'on se retrouve tous, moniteurs, le couple Koala, Raymond et moi-même dans une classe-paillote...

Deux jours de réflexion menée avec beaucoup de maîtrise par notre ami Gnampa. Échanges fructueux pour tous, enseignants, parents, enfants... Nous nous sommes penchés sur le délicat problème de la psychologie de l'enfant au Burkina Faso, pays où l'éducation est dispensée selon les règles et les principes en vigueur en France au siècle dernier. La prise de conscience de ce fait n'a pas été sans surprendre nos moniteurs eux-mêmes. Mais peut-on remettre en cause ces méthodes au Burkina Faso quand l'instituteur se voit confronté à des classes de quatre-vingts à cent enfants ?

Quand Gnampa, lui-même parent, leur a déclaré avec douceur et conviction qu'il n'était nul besoin de frapper l'enfant pour le faire obéir, les réactions furent vives et générales : *"Comment s'y prendre alors ?"* Et je n'ai pu m'empêcher de faire un parallèle avec notre Europe. Me trouvant en Ecosse au moment où avait paru le décret officiel interdisant l'utilisation du *belt* dans les classes, cette grosse ceinture de cuir, arme dissuasive qui trônait sur le bureau du maître, j'avais alors noté des réactions analogues chez les enseignants désemparés, désarmés.

Dans ce décor de savane africaine noyé d'une poussière ocre soulevée par l'harmattan qui secouait sérieusement le toit de chaume de notre petite classe-paillote ouverte à tous vents, je me disais qu'il n'était pas nécessaire de disposer de moyens sophistiqués pour se pencher sur les problèmes universels de l'enfant, l'humanité de demain. Détermination et bonne volonté suffisent.

Raymond a été auditeur et acteur passionné. Il décide d'accepter le poste. Il saura apporter attention et respect à chacun, en toutes occasions, perpétuant ainsi l'esprit qu'Yvon et Koudbi ont voulu pour l'école.

*

Noël est passé depuis longtemps et celle que je redoutais est arrivée, insidieusement, inexorablement : la grande chaleur est là ! Elle m'a fait déserter ma chambre. Bernard, sa femme et moi dormons tous trois sous les étoiles. Le soir, quand je m'allonge sous l'intensité de ce ciel si pur, mon esprit rejoint tous ceux que j'ai laissés en France, et même si la journée a été dure, c'est un moment de méditation que je savoure.

Les vacances de février en France et la kermesse proche nous amènent une délégation de la Vienne, responsable en tête. Ils sont logés dans ma maison de l'an dernier, déjeunent et dînent chez Téné qui aime bien recevoir des Français sous sa paillote. Chez moi, on se retrouve à l'ombre pour préparer cette kermesse. Qu'il est bon de travailler ici ensemble, sur le projet que nous soutenons tous séparément en France ! Préparation d'enveloppes-surprises, de lots, superbes cette année grâce à nos convoyeurs du désert, sous la conduite éclairée de Tomousso tandis que le bébé Soutongnooma passe de bras en bras, au grand bonheur de tous. Moments de détente, de fraternité, de bonne humeur, souvenirs que l'on revivra plus tard, en France, quand on se retrouvera.

Une belle kermesse encore cette année où nous arborions tous une tenue dans le même pagne, choisi à l'unanimité. Une kermesse pour laquelle Koudbi avait réussi à disposer d'une heure d'antenne à la télévision. Un fond de studio tapissé de tous nos panneaux, dessins, affiches des Saaba. Présentateurs français et burkinabè, Blandine, Adèle, l'ami Barral convoyeur des bureaux scolaires de Vendée et Jacques Demiot responsable de la Fédération des Oeuvres Laïques de la Vienne. Les questions posées par les téléspectateurs prouvaient l'intérêt porté à cette entreprise.

Une belle kermesse où chacun a encore donné le meilleur

de lui-même. Pour la première fois, la troupe théâtrale faisait partie des activités éducatives de Benebnooma et sa première production était une pièce en quatre tableaux évoquant les traditions africaines auxquelles Koudbi est profondément attaché. Scène au *cabaret*, funérailles, danses des masques... représentation qui a fait la grande joie d'un public qui y reconnaissait ses racines.

*

Raymond s'intègre à Benebnooma. Il a vite jugé la tâche, plus difficile avec la chaleur qui monte. Il comprend ma fatigue et fera tout pour m'adoucir les derniers jours. Des moments que je n'oublierai pas.

Koudbi entrevoit de nouveaux horizons qui l'enchantent. Des contacts ont été pris avec Emmaüs qui s'occupe des plus pauvres parmi les pauvres. Ainsi, le Président d'Emmaüs International, italien d'origine, est reçu un jour dans l'école. La paillote nous retrouve tous trois pour enregistrer une interview qu'il emportera précieusement. Et, avec une grande fierté, nous montons sur la colline, cette colline à peine ébauchée à mon départ, l'an dernier, aujourd'hui en pleine réalisation. L'école sera prête pour la rentrée avec sa vaste bibliothèque, la menuiserie bruit déjà de ses machines arrivées de France, le bureau d'information s'élève, planté au milieu de la colline, la mécanique, l'imprimerie, la pharmacie sortent de terre... Et tandis que notre Italien s'extasie et félicite Koudbi de l'oeuvre entreprise : - "*Que diriez-vous d'une tournée en Italie pour la troupe Saaba l'an prochain ?*" Cette offre l'enchante, d'autant que Philippe lui a dit avant de partir : - "*Je t'organise une tournée d'un mois l'an prochain en Ecosse. Glasgow sera Capitale Européenne de la Culture en 1990*". Il rêve à ces horizons lointains, à son pari qui va au-delà de ses espérances.

*

Une seule ombre au tableau de cette succession de journées si riches d'espoirs, de visites prometteuses : des vols sont signalés dans les bagages de nos amis français. Bernard,

Philippe et moi-même en avons été victimes. Koudbi et Raymond sont aux cent coups ! Une atmosphère de suspicion qui se manifeste pour la première fois et qui nous inquiète. Cette confiance donnée à tous et qui s'émousserait ? Il n'en est pas question. Avec détermination et persévérance, le *camarade fondateur*, comme se plaît à l'appeler Raymond, et Raymond lui-même iront jusqu'au bout de leurs investigations. La vérité se fera. Benebnooma doit retrouver sa sérénité.

*

    Ce matin, avec mes élèves, nous sommes occupés à apporter les dernières retouches aux textes qui seront recopiés dans le dernier journal que je veux terminer avant mon départ et ramener en France. Un roulement lointain de tam-tam se précise. - *"Tiens"*, nous dit Karim, *"ce sont les Gnognocets qui arrivent pour l'enterrement du vieux"*. Avant même d'avoir réalisé le sens de ces paroles, Denis, dit le Gros Denis, qui dirige le groupe théâtral rentre en trombe dans la classe : - *"Fermez vite les persiennes et la porte, que personne ne bouge et ne regarde au dehors, ce sont les autochtones qui passent !"* Et le silence se fait. Mi-impressionnée, mi-amusée, je ne dis rien non plus et écoute les tam-tams qui se rapprochent, nous martèlent les oreilles à leur passage, et s'éloignent peu à peu... - *"C'est fini maintenant, vous pouvez ouvrir !"*

    Mes jeunes sont au courant, et Denis s'empresse de m'expliquer : - *"Ce sont les membres de la famille du mort, de son village natal, les autochtones qui arrivent à pied pour les funérailles. Il ne faut surtout pas les regarder en face, car ils peuvent te prendre ton âme et la mettre dans un petit sac. C'est une caste redoutée, maîtres du vent qu'ils peuvent faire naître sur leur passage, même si on ne le sent pas, on peut en subir les effets !"*

    Mes jeunes approuvent toujours, connaissent tout cela et remercient Denis de les avoir prévenus. Tout cela est dit avec un sérieux que je ne démens pas et que je respecte. - *"Mais alors, s'ils prennent notre âme, que se passe-t-il ?"* demandé-je à Denis, intriguée. *"Ils peuvent te la rendre si tu fais un sacrifice, poulet ou autre animal..."*

Plus tard, abordant ce même sujet avec un autre Africain digne de toute ma confiance : - "*Je t'assure Paulette, que c'est la vérité. Je me suis trouvé un jour sur leur passage, il n'y avait pas un brin de vent, ou du moins on ne le sentait pas, et pourtant le toit de l'église s'est envolé !*" Puissance des croyances millénaires africaines, secrets de vos origines, pourquoi s'acharner à en percer le mystère !

Mon journal s'est enrichi aussitôt de cet épisode, mes journalistes-reporters ne perdant jamais l'occasion d'un reportage pris sur le vif. C'est tout l'art du métier...

*

Mon départ approche, Koudbi partira avant moi avec la troupe, Raymond prendra la relève, tous deux sont décidés à me faciliter mes derniers jours de chaleur intenable. Mes cours du soir assurés par la jeune Eugénie qui a une expérience d'enseignement, Raymond prêt à me remplacer dans ma classe ou auprès des moniteurs quand ce sera trop dur. Comme c'est bon, cette attention envers moi. - "*C'est normal*", me disent-ils toujours, "*ce que tu as fait est déjà énorme...*"

Koudbi part demain et... Raymond est malade. Forte fièvre, vomissements, un *palu* sans doute.

Décision prise sur le champ : Koudbi reste avec nous, la troupe partira sans lui, il la rejoindra plus tard. Toujours faire passer l'humain avant toute autre considération, c'est cela qui m'aura touchée le plus de leur part. Il n'est pas question de me laisser la responsabilité de Benebnooma en pleine fatigue, en pleine chaleur. Solidarité tous azimuts mise en branle : la fourgonnette blanche des Saaba, celle qui passe l'hiver en France, conduite par Papa Gilles de Mouthiers-sur-Boëme, le fondateur de l'EASBK accueillera la troupe et la conduira pendant la tournée à Marseille et dans les environs. Le gros Denis présentera le spectacle à la place de Koudbi. Serge Mercier, le responsable de la tournée à Marseille, photographe au *Provençal*, est prévenu... "*Pas très heureux de cette solution*", me dit Koudbi, "*mais il faudra qu'ils apprennent un peu à se passer de moi, quand il y aura des priorités !"*

Comme j'ai pu savourer cette dernière semaine grâce à tous ! Raymond se remet lentement. J'ai repris mes élèves le matin, ils savent qu'Eugénie et Raymond les aideront un peu en français, après mon départ... cela me rassure aussi.

La paillote nous a tous abrités pour une belle soirée de départ toujours très émouvante. Mes élèves Babou, Karim, Jérémy, Maurice, Marcellin, Lazare, Marie, Awa, Clémentine... et tant d'autres, ... Boukary, Yamba, Salam, Solange... ceux de l'alphabétisation... tous émus autant que moi, cadeaux touchants... Je suis heureuse des premières paroles que Raymond m'adresse en public : un grand ami de plus à Benebnooma.

*

C'est la dernière journée. Les deux Koala m'accompagnent ce soir à l'aéroport, Koudbi ne partira que le surlendemain, soumis à des horaires d'avion.

Six heures trente du matin. Sur le fauteuil, sous le manguier, le soleil éclaire déjà le mur d'en face, la ronde des margouillats commence. Leur fuite est aussi rapide que leur venue. Lézard silencieux, tu fais partie de l'étrangeté de ce monde à part, de cette Afrique surprenante que je connais mieux à présent, que j'aurai envie de faire revivre sous ma plume, plus tard, autant pour la faire découvrir que pour faire plaisir à ceux qui l'aiment et qui sont fiers d'être Africains. Le petit monstre a repris sa place sur le mur. Où dort-il la nuit ?... Mais au fait, est-ce qu'un margouillat ça dort... ? Le réveil des bruits d'un matin d'Afrique... Un vent très léger agite le manguier et apporte une sensation de France sur mes bras nus. En fermant les yeux, je vois se balancer les branches d'un lilas et je retrouve l'odeur grisante du chèvrefeuille... En les ouvrant à nouveau, je découvre devant moi ce gros bouquet jaune de fleurs de brousse que Nonguebzanga et ses parents sont venus me porter, hier, pour me montrer qu'il y avait des fleurs dans la savane aussi... Bouquet d'Afrique, le premier reçu, quelle attention merveilleuse.

Mais la lumière devient crue sur les branches basses du manguier, le bleu immuable du ciel devient plus intense, les ombres sont plus nettes sur les murs, autant de signes annonciateurs de la chaleur qui va m'accabler à nouveau... J'ai envie soudain... j'ai un besoin intense de sentir la chaleur des quinze à vingt degrés sur mon balcon parfumé par la résine des pins ! Revenir ici ? Je n'ai pas la force d'y penser. Qu'on laisse l'Africaine adoptive que je suis devenue se transporter en France, dans la verdure, les fleurs, la famille. On se reverra là-bas, on discutera de tout cela. Je suis épuisée.

Vingt-deux heures. L'aéroport de Ouagadougou, comme je ne l'ai jamais vu. Un aéroport en pleins travaux, ventilateurs hors-circuit, une foule débordante, le dernier avion du Point-Mulhouse, une compagnie qui se meurt. Une foule houleuse qui va attendre deux heures le signal de l'enregistrement des bagages dans cette atmosphère surchauffée. Pas une goutte d'eau. Koudbi a fait le tour des petits marchands. Rien à boire, tout a été dévalisé... je n'avais peut-être pas encore tout vu.

Huit heures du matin, Marseille. Serge Mercier m'attend à l'aéroport, fort mécontent que Koudbi ne soit pas là. - "*Mon programme est clair : je t'emmène chez moi, tu vas dormir et te reposer* -ô ! merci, Serge !- *et, cet après-midi, je passe te prendre vers seize heures. J'ai organisé à dix-huit heures une grande réunion où j'ai invité de nombreuses personnalités. Koudbi devait y prendre la parole pour parler de Benebnooma. Je ne peux rien décommander, c'est donc toi qui parlera à sa place.*"

C'est ainsi que, débarquant de mon village de fournaise africaine, je me retrouvais catapultée à Marseille sur la Canebière, dans un élégant salon du *Petit Provençal* décoré de magnifiques posters réalisés par Serge à Benebnooma. Devant un parterre attentif de *Nassara* cravatés, micro en main, j'ai improvisé. La salle écoutait, sérieuse ; je devais intéresser, sans doute... Il est vrai comme nous le dit Boileau dans l'*Art Poétique* que C*e que l'on conçoit bien s'énonce clairement !* Je me souviens que la porte a grincé pendant la conférence, mes yeux se sont portés vers elle et le sourire de Papa Gilles m'a fait chaud au coeur.

CHAPITRE XI

Octobre 1989. Pour ce troisième retour je trouve Raymond à l'aéroport. Heureux de m'accueillir en assumant ses nouvelles responsabilités, il remplace le *camarade fondateur* encore sur les routes d'Europe, troubadour ambulant infatigable qui assure les tournées, nerf financier de Benebnooma.

Elles seront bien nécessaires les recettes cette année. Je suis chargée par Koudbi de deux missions. Remettre à Pascal, le chef du chantier qui poursuit les constructions des ateliers sur la colline, l'argent des tournées, indispensable pour l'achèvement des travaux. D'autre part, je dois l'informer qu'il faut impérativement terminer l'ensemble avant le 30 novembre. Tout doit être prêt pour recevoir... l'électricité.

Au hasard de leurs tournées, en effet, les Saaba ont présenté leur spectacle, voici deux ans, à l'école de l'Electricité de France de Saint-Affrique, dans l'Aveyron, qui forme elle-même ses cadres. Enthousiasmés par le mérite de ces jeunes Africains qui jouent et dansent pour leur école, les élèves, soutenus par leurs professeurs, ont décidé de se joindre à la chaîne de solidarité. Ils se sont donné deux ans pour réaliser ce projet ambitieux : trouver des fonds pour payer les voyages, acheter le matériel nécessaire, le faire transporter et venir installer l'électricité à Benebnooma.

Et à présent, tout est en place : ces jeunes Français arrivent le 7 décembre et repartiront le 20, juste avant Noël. Il n'est pas imaginable que nos amis ne trouvent pas les ateliers prêts à leur arrivée.

Ma première visite est toujours pour la colline. J'ai hâte de voir la réalisation de ce qui n'était qu'espérance à mon départ... Raymond a assuré la rentrée cette année et les bâtiments de l'école sont devenus réalité. Comme il est réconfortant et rassurant, ce premier coup d'oeil vers ces classes largement ouvertes sur la vaste cour intérieure, où les enfants, assis à des bureaux français, promènent déjà un regard plus serein sur leur nouvel environnement. Comme j'aurais voulu que cette première vision soit réservée aux deux pionniers qui ont tant rêvé devant des plans maintes et maintes fois remaniés !

Adèle et Blandine ne cachent pas leur joie d'étrenner ces classes neuves. Eugénie qui va nous quitter pour un poste d'Etat, initie Marie dans la classe des six ans, ouverte cette année, et dans laquelle commence l'apprentissage de la lecture. Quel instant d'émotion aussi de serrer longuement la main de cet instituteur burkinabè à la retraite, Anatole Kaboré, qui a compris lui aussi, qu'il pouvait aider ces enfants exclus du système scolaire, en acceptant de s'occuper de la section de rattrapage du Certificat d'Etudes.

Les machines à écrire crépitent aussi dans ce bel ensemble... Karim, Babou, Jérémy, Marie, Maurice... des anciens heureux de me revoir, des nouveaux aussi.

L'école, un vaste chantier. Les ateliers ont grandi. Tous ces jeunes de France et du Burkina ont encore bien travaillé ensemble pendant leurs vacances. Pascal est sur le terrain, avec les ouvriers du pays, qui poursuivent le travail des mois d'été. Retrouvailles pleines d'amitié, des nouvelles de Koudbi, de la troupe, de la France... Merci d'être revenue parmi nous. Je lui transmets l'important message de Koudbi : les chantiers doivent être terminés à partir du 30 novembre. Je me rends compte en lui remettant l'argent sur le chantier de l'école, combien nous tous, les amis européens, nous devons continuer à nous mobiliser pour assurer les tournées chaque année. Mais, cette date limite l'effraie, il doit réfléchir : - *"Je te dirai ça très vite, mais il faut que je parle aux ouvriers !"*

La grande maison louée où j'ai tenu ma classe pendant deux années se vide. Virginie prépare ses cartons de livres, Marthe, à la pharmacie, piaffe d'impatience d'aller retrouver ses amies sur la colline, dans les nouveaux locaux. Quant à moi, je m'installe, dans l'ancienne classe-paillote d'Adèle, où je fais travailler mes élèves par groupe de dix. Mais cet inconfort ne me dérange pas car j'ai la chance d'être loin du bruit des enfants et du ronflement des premières machines. Nous faisons du bon travail, sérieux et profitable. Et puis, cet emplacement privilégié m'offre une vue imprenable sur l'ensemble de la colline et des chantiers où les travaux vont bon train.

Pascal est venu me dire avec de grands sourires que ce serait prêt à la date prévue. Confiance gagnée en lui : chaque matin, à mon arrivée, l'équipe d'ouvriers me salue, Pascal m'adresse un sourire d'amitié. On me réclame une photo devant un camion qui vient décharger des briques de banco... Il a régné durant ce mois-là, entre ces hommes qui peinaient sous ce soleil implacable et moi, réfugiée dans ma classe-paillote, une sorte de complicité autour de ce projet que je leur avais soumis. Koudbi pouvait être tranquille : les travailleurs étaient fiers de me montrer les murs qui montaient, comme si j'avais été leur contremaître...

Et le 30 novembre, notre "camarade-fondateur" était comblé de découvrir sur cette colline, dans une même enceinte, ateliers pointant comme des champignons, classes nouvelles en action à côté des vieilles paillotes toujours en service, enfin tous les moniteurs apportant leur sérieux à l'enseignement des disciplines manuelles et intellectuelles dispensé à Benebnooma.

*

Ils sont arrivés comme prévu, nos jeunes de Saint-Affrique. Les deux minibus blancs de la Sonabel, l'EDF burkinabè, précédés de notre bâchée, se dirigeaient vers la colline dans le soleil, tandis que notre accueil-surprise se mettait en place. L'arrivée a été une occasion émouvante de découvertes réciproques. Des jeunes du même âge, Blancs un peu ébahis, foulant pour la première fois le sol africain, Noirs fiers de leur mission d'accueil, remontant à pied la colline au son des percussions des Saaba pour arriver dans la vaste cour intérieure de l'école, le centre polyvalent, étrenné ce jour-là par une magnifique cérémonie de la fraternité.

Discours d'usage, souhaits de "*bonne arrivée*" de tous, vieux et vieilles du village présents, *zoom-koom* généreusement distribué par nos jeunes filles de la couture et de la dactylo, danses, photos, musique, caméras en action... des professeurs enthousiastes qui ne cachaient pas leur joie et leur émotion de voir se concrétiser, ce soir-là, leurs efforts de deux années, pour aider les jeunes à mettre en place ce superbe projet.

Mais Raymond n'a-t-il pas dit, un jour, en parlant de Benebnooma : - *"Quand un projet grandiose débute, les gens sensés nous considèrent comme des fous... et c'est bon signe !"* Alors ! Et Benebnooma vit durant les semaines qui suivent sous le signe d'une magnifique solidarité : casques blancs de la Sonabel au coude à coude avec nos Français rougissant sous le soleil d'Afrique. Les jeunes de l'école, vrais reporters en herbe, crayon, papier en main à l'affût d'une explication, d'un croquis à prendre, le journal toujours à l'esprit. Des explications, des renseignements que les professeurs se plaisent à leur fournir avec une extrême gentillesse, dessins au tableau à l'appui. Arrivée très applaudie par nos Africains extasiés, de la grande grue de la Sonabel venue spécialement de Ouagadougou pour lever les énormes poteaux métalliques qui jalonnent la colline.

Dans les classes désertées, bibliothèque, ateliers divers, pharmacie, bureau d'information, labo-photo, future cabine de projection... partout, un travail précis, bien fait, une organisation de premier ordre... Professeurs et élèves travaillaient au coude à coude. Le professeur de français prenait notes sur notes pour publier au retour *la Grande Aventure*, le médecin du groupe creusait et bétonnait allègrement.

Et savez-vous ce que nos jeunes électriciens avaient emporté dans leurs bagages ? De vrais buts de foot réglementaires ainsi que des paniers de basket-ball qu'ils ont montés et peints ensemble. Cet équipement fait désormais la joie, chaque soir, de tous les jeunes du centre, et donne également la possibilité d'organiser de nombreuses compétitions avec les autres établissements scolaires de Koudougou. Evidemment, le séjour ne pouvait se terminer que par un match de l'amitié entre tous avec un public passionné, quelques chutes brutales aussi, car ce n'est pas la pelouse de nos stades français, mais un terrain caillouteux, nu.

Et puis, le moment de la séparation est venu... Une cérémonie de départ digne de l'arrivée, remerciements de tous, des vieux du village toujours présents, des professeurs qui cachaient difficilement leur joie et leur émotion, une troupe Saaba endiablée pour le plaisir de tous. Au matin, huit par huit dans la bâchée de l'école, ils ont rejoint la gare pour un ultime trajet jusqu'à Ouagadougou... Paris... la civilisation... la folie des lumières de Noël... la débauche de jouets. Dernière vision : les yeux brillants de joie d'une petite Africaine emportant son trésor, une poupée de chiffon, cadeau ultime d'un jeune Blanc très ému.

Une grande page s'est tournée alors, la colline a perdu sa fièvre... Mais ce qu'ils ont laissé est sans prix. Ecole dans l'école, ces adolescents venus de deux mondes différents ont appris, en partageant vie et travail, à se connaître et à s'estimer mutuellement.

Quel jeune Européen s'émerveillerait d'une installation électrique ? Chez lui, cela est partie intégrante de toute construction. L'électrification de l'école n'aurait pu être réalisée qu'après des années de tournées des Saaba... Elle nous a été offerte, comme un cadeau royal !

Deux mois plus tard, alors que la kermesse battait son plein, toutes lumières allumées, une panne de secteur nous a plongés soudain dans l'obscurité ! Affolement. On cherche des torches, on se perd de vue. La foule s'allonge à la remise des lots. Quinze, vingt minutes... et le miracle se produit. L'atmosphère se détend, tout rentre dans l'ordre. Se peut-il que l'on s'habitue si vite au confort ? Le souvenir de nos kermesses au groupe électrogène et aux lampes-tempêtes n'était pourtant pas si loin!

*

Mes élèves cette année ? Beaucoup d'anciens avec quelques éléments nouveaux, une grande confiance réciproque, un travail que je sais à présent parfaitement adapter à leurs habitudes, leurs réactions, leur rythme ; des progrès quotidiens qui comblent, évidemment, mon âme d'enseignante.

Le journal, présent plus que jamais... les dessins de Maurice, mon artiste en batiks, sont toujours aussi beaux, mais s'y ajoutent ceux, plus naïfs, de Jérémy, Lazare, Karim, Marcellin, Moussa... Les réunions sous mon manguier se font plus fréquentes pour le *Spécial Saint-Affrique*. Tous ont envie d'y contribuer : Pauline, mère de famille qui court après le temps entre les contraintes écrasantes des femmes africaines et son désir d'apprendre, me demande un soir une feuille de papier et un crayon. Le lendemain, je découvre, surprise et émue, un dessin timidement présenté, dépeignant le match de foot Benebnooma/Saint-Affrique. Un vrai dessin à la Dubout, rien n'y manque. Pauline a suivi le match comme tous et son dessin exprime dans sa naïveté toute la joie ressentie. Pauline, tous les lecteurs de *Spécial Saint-Affrique* ont pu admirer ton dessin. Je sais, moi, ce qu'il représente d'heures sacrifiées sur ton repos, à la lumière tremblante de la lampe-tempête, mais tu as voulu exprimer à ta façon, la beauté de ces heures de solidarité vécues à plein !

*

J'ai senti, cet été, en France, le besoin chez tous nos amis d'avoir un lien plus régulier avec ce coin d'Afrique et j'ai inauguré la *Lettre de Benebnooma*, complément personnel du Journal, qui sera régulièrement transmise par Jacques Demiot à Poitiers. Liens plus étroits encore qui se tissent entre nos deux continents, il en partira une, chaque mois, vers l'Europe.

Dans cette période si riche de décembre, Koudbi et Raymond, dans la plus grande discrétion, poursuivent leur enquête avec la police locale pour *crever l'abcès* qui empoisonne toujours Benebnooma. Le voleur est cerné. La veille de Noël, après une journée harassante au commissariat, le coupable passe aux aveux. Ils rentrent le soir, enfin soulagés, mais très éprouvés par cette confiance trahie.

En cette nuit du 24 décembre, deux institutrices de Poitiers arrivent à l'aéroport de Ouagadougou avec un ami de Toulouse, pour nous aider à mettre en place notre nouvelle bibliothèque. Regma les ramène vers minuit, chez moi, où je les loge. Et ce sera une nuit de Noël bien différente des précédentes, entre Français, improvisée avec saucisson et pâté, la sauce d'igname, envoyée par Tomousso, le tout arrosé de vin de Bordeaux, trois bouteilles miniatures remises dans l'avion.

Et le travail durant les vacances de Noël s'organise. Pas question de repos, il y a trop à faire. Je dois, avec mes élèves volontaires, terminer le journal *Spécial Saint -Affrique*. Ils sont tous heureux de continuer, même pendant les vacances, à collaborer sous le manguier. D'autre part, je veux écrire le numéro deux de *la Lettre de Benebnooma*. Ces deux documents doivent être confiés à nos amis français, à leur départ. Je resterai donc à la maison, préparerai les repas, tout en faisant mon travail. Nos deux françaises et leur ami trouveront toujours un repas tout près, sur la petite table à l'ombre, pendant ces journées d'intense activité. Ce qui me vaudra, à la fin du séjour, des remerciements chaleureux adressés à la *mère aubergiste* qui a si bien accueilli et nourri ses clients...Je m'échappe souvent néanmoins vers la bibliothèque où les deux Françoise, nos invitées poitevines, partagent avec nos moniteurs leur expérience de bibliothécaires.

Et je suis surprise d'y trouver tous les jours, travaillant au même rythme que les autres, un burkinabè aux cheveux blancs, que Koudbi me présente un soir. Denis Zongo, ancien maire de Koudougou, avait été son instituteur du Cours Moyen 1ère année. Je me souviens de cette conversation amicale au cours de laquelle le maître me fait découvrir Koudbi écolier, rieur, taquin, excellent élève, meneur de jeux... un enfant que le maître n'avait jamais perdu de vue. Il avait suivi de loin, mais régulièrement, la réalisation de ses projets dont il souhaitait la réussite au fond de son coeur...

Ils ont tous fait du bon travail, occupés à classer, couvrir, ranger... Bien sûr, les étagères sont rudimentaires, pas toujours d'équerre. Nous déplorerons l'absence de protection contre cette poussière aveugle qui n'épargne pas les livres... Il faut se contenter des moyens dont on dispose et les utiliser au mieux. Malgré tout, cette bibliothèque neuve, spacieuse, fraîchement peinte, enrichie de romans africains déjà convoités par nos jeunes, a fière allure. Et durant les mois qui suivront cette installation, nos jeunes auront la chance d'y trouver souvent Denis Zongo, à leur écoute, prêt à les guider dans leur choix, à les encourager dans leurs recherches. Nous nous réjouissons tous de sa présence qui enrichit tant ce nouveau *temple de la Culture*.

*

Au lendemain de Noël, Koudbi et les Saaba se sont envolés vers la France. La troupe a été chargée de faire des animations dans certaines maisons de repos et de retraite de l'Electricité de France. Un contrat inespéré en cette période de l'année. Un public nouveau pour eux... Quel étonnement pour ces jeunes africains découvrant l'existence de maisons où sont regroupés ces personnes classées *troisième âge*. Chez eux *les vieux*, un terme affectif, sont dépositaires de la sagesse et ils terminent leurs jours au sein de la famille. Devant ces *vieux* devenus inutiles, assis dans leurs fauteuils de luxe, ils pensaient à leurs vieux à eux, là-bas, partie intégrante et précieuse du village, mêlés aux danses des funérailles, sous l'ombrière aux heures brûlantes du jour. Ils pensaient à leurs palabres, sous le nêma de la place lorsque le ciel se fait plus miséricordieux activant leurs doigts usés au tissage des sécos, occupés aux mille tâches de la cour familiale, heureux aussi de réveiller leur mémoire pour le plaisir de tous ces petits yeux braqués sur eux, à l'écoute des histoires du singe, de la gazelle ou du crapaud...

Koudbi a pu laisser la troupe en France entre les mains de ces jeunes qui se responsabilisent de plus en plus. Il s'est rendu en Ecosse pour préparer avec Philippe cette fantastique tournée d'un mois prévue en mai, et se familiariser avec le whisky, le monstre du Loch Ness, le pagne écossais, et une culture celte de la grande famille, proche de la nature, qui n'est pas sans rappeler les traditions animistes africaines. Tournée étourdissante que j'aurai le plaisir de suivre et qui fera dire à Koudbi, découvrant les immensités désertifiées par l'impact de la colonisation anglaise affectant le pays depuis trois cents ans : *"c'est le premier désert rencontré en Europe, mais c'est un désert avec de l'eau..."*

*

* *

CHAPITRE XII

Janvier 1990. Ce soir, *la lumière du pauvre* comme me disait Moussa au retour de nos soirées d'alphabétisation, brille de tout son éclat. Soirée de pleine lune, que l'Africain attend : douceur des soirées dans les concessions, prolongement de la clarté du jour dont il jouit dans l'apaisement des heures écrasantes d'un soleil terrible.

En Africaine accomplie, je jouis moi aussi de ce jour adouci sur mon fauteuil de bois tout en suivant des yeux cette lune qui, je le sais, va disparaître progressivement pour réapparaître, au gré d'une éclipse totale annoncée. Et tandis que le disque parfait commence à se creuser, Athanase surgit en trombe dans la cour. "*Paulette, le chat mange la lune !...*"

Tout son être est en émoi. Au même moment, gronde dans le village le bruit étonnant de cris mêlés aux frappements sourds sur les marmites, calebasses, seaux, cuvettes dont on m'avait parlé un jour, et qu'Athanase m'explique ce soir : - "*Il faut que le chat nous rende la lune !...*" Obstiné, martelé et continu, ce vacarme continuera jusqu'à ce que la lune ait retrouvé la perfection de son disque. Athanase, un moment présent à mes côtés, était parti prêter main-forte à la cacophonie.

Au lendemain de cette soirée hors du commun, les oreilles encore pleines des incantations de tout un peuple invoquant ce chat maléfique qui lui jouait un mauvais tour, je pensais, en pédalant sur le chemin de l'école, que mon devoir d'enseignante m'obligeait sans doute à donner à mes élèves une explication scientifique de l'événement. Avec beaucoup d'humilité, pesant toutes mes paroles pour qu'il ne puisse se dégager aucun sentiment de moquerie ou de supériorité, je leur ai dit comment les scientifiques expliquaient le phénomène.

Dans ma classe-paillote, où le vent impitoyable s'engouffrait et menaçait sérieusement notre fragile toit de paille, mes élèves ont écouté mes paroles avec beaucoup d'attention et de respect. Ils ont regardé sur le mur de banco recouvert d'ardoisine mes croquis simplifiés d'une éclipse de lune. Un grand silence s'est établi alors, moment qui précède toujours leurs décisions... puis une voix s'est élevée pour me dire : - "*Oui, Paulette, nous comprenons... mais ici, les vieux disent...*" Je n'ai pas insisté. J'avais semé une autre graine. Il leur appartenait de la faire lever, s'ils le désiraient... Je ne voulais pas détruire celle que les vieux avaient semée et fait germer depuis si longtemps. Elle aussi porte des fruits.

*

Janvier au Burkina-Faso, c'est la saison des papayes : bouquets de fruits, bouquets de feuilles perchés en haut d'un tronc droit et nu. Il faut l'habileté du singe pour aller les cueillir, mais cela vaut la peine. Coupez en deux ce fruit oblong couleur de soleil, enlevez les graines, petites perles noires et brillantes, pressez-y le jus d'un citron vert, mangez à la petite cuillère la pulpe orangée et... vous m'en direz des nouvelles ! Les mangues se préparent pour les mois à venir...

Ce mois-ci on étudie le jardin. Nous attendons Anne, mon amie des premiers jours en Afrique, paysanne de la Drôme, qui vient nous apprendre à réaliser le compost écologique que Pierre Rabhi fabriquait avec les paysans du Sahel. Sur le jardin de la colline, il fera merveille pour améliorer nos cultures. Je me prépare avec joie à partager avec Anne ma maison d'Afrique, comme elle m'a ouvert la sienne, dans la forêt de roses trémières, là-bas, dans la verdure de France. Au jardin, on s'affaire, on creuse des fosses à compost, on commence à rassembler les composants nécessaires : plumes, paille, argile... Le canal de Philippe, assez malmené pendant la saison des pluies vient d'être rénové et le filet d'argent qui court de la pompe au jardin a fait sa réapparition. C'est bon et réconfortant.

Raymond étudie le processus de fabrication du compost que Pierre Rabhi a décrit en appendice de son livre magnifique *L'offrande au crépuscule*. Tous comprennent que pour leur pays pauvre où neuf personnes sur dix vivent de la terre, la vie passe par l'enrichissement de cette dernière.

Et en ce matin de fin janvier, dès huit heures, les petits de la réinsertion, tous mes jeunes de la dactylo, de la couture... se trouvaient réunis autour des quatre aires de compost, auprès des tas de paille, de fumier, d'argile, de cendres... groupés et prêts à l'usage.

Brouettes, fourches, arrosoirs en action, par groupe de six, à tour de rôle, chacun apportait les ingrédients et les étalait, sous la conduite amicale d'Anne, tandis que les autres, papiers en main, prenaient notes et croquis tant pour alimenter la chronique de notre journal que pour être capable de réaliser ce compost dans le jardin familial.

Raymond et moi-même avons pris un réel plaisir à suivre l'activité de tous ces jeunes, joyeuse et bien organisée. Il est vrai qu'Anne, avec sa douceur et sa persuasion naturelles, a su leur faire comprendre qu'ils accomplissaient là une tâche essentielle, pour cette terre pauvre qui, pourtant, leur assure la vie. Et c'est vraiment en un geste d'amour envers cette vie que, tous, dans le même élan joyeux et spontané, ont lancé des brassées de paille sur le petit édicule sorti de leurs mains.

Au soir de ces journées de travail de la terre, sur la terrasse de ma maison bleue, nous retrouvions les ciels intenses de Gorom-Gorom pour nous endormir toutes deux à l'écoute de musique africaine qui nous berçait déjà là-bas, face au Rocher Sacré.

La fermentation du compost se poursuit au jardin. En pratiquant une petite ouverture, tous ont pu constater qu'il chauffe et c'est bon signe. Koudbi revenu, Denis Zongo, Anatole Kaboré, Anne entouraient quelques jours plus tard Georges Zongo, premier élève de Pierre Rabhi, aujourd'hui responsable au Ministère de la Question Paysanne, venu spécialement de Ouagadougou suivre le compost des jeunes et réaliser devant tous un second tas auquel chacun a porté un vif intérêt. Les élèves de Benebnooma, passionnés, ont effectué les retournements successifs et ils ont manipulé pelles, fourches et arrosoirs, avec l'intérêt et le sérieux qu'ils apportent dans leurs activités scolaires. L'ouverture sur la vie, telle est la vocation de Benebnooma.

*

Et puis, Anne est repartie. Une petite cérémonie intime nous réunissait tous au jardin... plantation d'un bananier, échange de cadeaux, remerciements... C'était simple, mais sincère et réconfortant. Elle est partie rassurée, l'intérêt était éveillé. Gardons l'espoir que la méthode soit poursuivie.

Je suis à nouveau seule dans la maison. Raymond occupe depuis cette année le bâtiment voisin et cette présence toute proche est un réconfort que j'apprécie. Il a laissé dans ma cour une poule et ses poussins qu'il élevait quand j'étais en Europe. Ils grandissent gaillardement et mettent une animation joyeuse que je prends plaisir à retrouver quand je reviens de classe. Il fait chaud, ce soir, et ma poule, toutes plumes gonflées, cherche un peu de fraîcheur contre le tronc de l'arbre... Un petit bonjour amical de Mado, en passant, et, voyant la poule accroupie : - "C'est drôle, Paulette, on ne dirait pas une poule du Burkina !" Amusée de cette réflexion : - "Pourquoi ? Elles ne sont pas pareilles qu'en France ?... Si, mais, ici, une poule n'est jamais couchée, elle picore tout le temps, de-ci de-là, pour trouver à manger..."

Oserai-je lui dire que j'augmente souvent un peu ma ration de riz pour nourrir mes petits compagnons ?... J'ai un peu honte. Survie des bêtes ?... Réalité de l'Afrique aussi. Elles viennent au monde, à leurs risques et périls, à elles de se débrouiller sur cette terre qu'elles n'ont pas choisie.

*

Il m'arrive de penser à ces vols importants et répétés qui avaient jeté une ombre inhabituelle sur notre communauté, une inquiétude qui s'est un peu apaisée après les aveux de Noël, puisque notre voleur et son complice sont entre les mains de la police... Mais il flotte tout de même dans l'air un malaise indéfinissable... Raymond et Koudbi, je sais, sont très souvent présents au commissariat et suivent de près le sort que la justice veut réserver aux coupables. *L'affaire* se chuchote à mi-voix, quelques noms se murmurent. Habituée aux scandales étalés au grand jour, aux médias à l'affût du moindre trouble dans l'ordre public, je suis surprise de l'extrême discrétion qui entoure tout cela, et pourtant je sais que le village a été touché au coeur, au travers de ce qu'elle a de plus cher : ses enfants.

Les noms murmurés me troublent, ma confiance et celle de nos amis français ont été gravement trahies et, sur tous les continents, cela est difficile à admettre. C'est la première fois que je suis confrontée à la justice d'Etat en Afrique et j'attends, assez tendue, ce qui va se passer...

Quelques jours plus tard, Koudbi vient s'asseoir près de moi, sous le manguier, et, dans la mesure de ses paroles, je ressens de nouveau cette attention toujours portée à l'autre, ce respect dû à l'âge. - "*Nous n'avons pas voulu, Raymond et moi, te troubler jusqu'à présent avec nos démarches faites auprès de la police depuis Noël. Le nom qui se murmure et que tu as dû entendre est bien celui de notre voleur. Nous savons combien cela peut te toucher, et notre peine est profonde pour toi. Nous pensons aussi à tous les amis français qu'il a trompés. La justice du pays a pris sa décision, mais elle accepte qu'ici, au village, l'enfant de tous soit jugé par les villageois eux-mêmes et elle se soumettra à sa décision. Ce soir, à dix-neuf heures, il faut que tu sois avec nous et les représentants du village, chez Raymond, où va se tenir notre tribunal. Tu es des nôtres et tu as été victime. Il faut que tu vives cela. Nous serons là pour te soutenir...*"

A l'heure dite, très émue par cette totale confiance, même dans les moments les plus pénibles de la vie de cette communauté, je pénètre dans la cour de Raymond que l'ombre a déjà envahie. La pâle clarté du croissant de lune s'affirme, les étoiles pointent çà et là et la lumière crue du néon découpe la petite assemblée silencieuse et recueillie dans la délicate odeur du manguier en fleurs. Un - "*zabré*" - bonsoir - réservé accueille chaque nouvel arrivant. Terrasse en ciment, quelques chaises, table de bois brut, l'Afrique dans sa nudité ne s'encombre pas du superflu même pour un acte aussi grave.

Le voleur et son complice, enfants du village, enfants de tous, devant la table. La justice d'Etat a déjà fait son oeuvre, les aveux ont été signés, la faute est grave, la police veut les transférer à

Ouaga : deux ans... trois ans de prison...?

Alors les vieux, les sages, au coeur des concessions ont tenu conseil. Les vieux, dans les traditions ancestrales de l'Afrique commandent le respect et la déférence des jeunes. Et ces vieux-là ont mêlé leurs voix à celles des plus jeunes pour dire que le village tout entier a été offensé et blessé au coeur, que nos enfants coupables doivent être jugés par nous, que la décision à prendre nous revient, et que sur ces terres lointaines, la justice du clan prévaut, celle de l'Etat se soumet.

Et ce soir, dans le secret de la nuit, ce tribunal du peuple composé des membres du village soigneusement choisis se prononcera.

Alors commence une palabre au cours de laquelle noblesse et dignité ont prévalu toute la nuit. Les heures passent, personne n'y songe. L'Afrique sait prendre le temps de vivre, de s'exprimer, de régler ses problèmes...Vieux musulman au calot blanc brodé, vieux aux bonnets de laine, pères des inculpés, jeune innocent accusé et réhabilité, responsable conscient de sa mission à l'écoute de tous, moi-même, victime, face aux accusés. Un regard que je voudrais saisir, un regard que je prolonge sur un visage hermétique et buté...

Les fautes énumérées, une fois encore, ponctuées par des "*Yé Ya maan n maane*" - oui, j'avoue - qui s'égrènent dans la nuit, lancinants... des aveux où chacun prend conscience de la gravité des faits. Ma confiance perdue en ce jeune, une émotion qui grandit à l'écoute des dépositions de chacun en mooré, dépositions traduites simultanément en français avec intelligence, et l'effort d'exprimer au mieux la pensée exacte. Tension de l'esprit qui n'a pas faibli pendant quatre heures, pour que chacun comprenne précisément la pensée de l'autre...

Et la voix du père s'élève dans cette langue familière à mon oreille et, à travers la traduction, je ressens la profonde douleur exprimée publiquement qui demande, malgré tout, la clémence mais se soumettra à la décision de tous. Des visages toujours impénétrables, une parole qui s'exprime librement jusqu'au bout, un doigt qui ne se lève jamais en vain...

Et j'ai laissé parler mon coeur, à mon tour, la traduction

simultanée a permis à tous de savoir combien j'étais bouleversée. Je me suis sentie alors très proche d'eux, soutenue par l'attention et le respect dont ils m'entouraient...

Alors, dans un silence pesant, pour clore cette longue palabre, ils ont écouté avec gravité la voix de celui qui, au nom de tous, a exprimé la décision de la majorité : la clémence pour ces jeunes !

Le village se refuse à les laisser transférer. Ils ont droit à une chance de rachat et on la leur donne. Le jeune innocenté s'étonne un peu de cette clémence, mais un vieux sait lui dire, avec son coeur, que la jeunesse comme lui, doit apprendre à savoir pardonner. Il est cependant exigé réparation pour les victimes. Alors, on remettra cela entre les mains de la justice d'Etat qui reprendra son rôle pour trouver, avec les jeunes accusés, les moyens de réparer...

La palabre est finie... chacun, dans les chemins poussiéreux, sous la pâle clarté de la lune qui adoucit les ombres, a regagné sa famille, ébranlé comme moi, j'en suis sûre, au fond de son coeur, par cette soirée de jugement. J'ai ressenti ces heures exceptionnelles comme une grande leçon pour nous, Européens, une justice humaine à la mesure de la vie de ces gens de la terre. Une justice qui va à l'encontre de nos décisions irrévocables, une justice respectée par ceux-là mêmes qui sont chargés de la faire prévaloir. Une leçon de dignité humaine.

Puissent ces deux jeunes savoir profiter de la clémence que ceux qui les aiment ont eu le droit de leur accorder.

*

* *

CHAPITRE XIII

La vie s'étire au village... J'y retrouve chaque jour depuis trois ans, les mêmes bruits de pilon dans les mortiers du matin, le même appel du muezzin en haut du minaret, j'y revois les mêmes retours des puits, les mêmes visions d'enfants tirant les lourds bidons d'eau... Le petit bosquet contigu à la maison d'Yvon n'est plus que squelettes. J'y ai vu chaque matin, des femmes munies de hachettes, couper le combustible servant à faire cuire le repas du jour... La longue rangée d'arbres qui bordait l'école gouvernementale est par terre, racines en l'air ! Pourquoi ce déboisement anarchique ?

La vie, la mort se côtoient... Paul, notre moniteur de la menuiserie, si fier de présenter à ma classe les premières machines électriques, est mort... Deux jours à l'hôpital, mort de quoi ? Nul ne sait... maux de ventre... Mathieu, notre jeune moniteur formé en mécanique durant une année par nos amis Barral de Vendée, maigrit, dépérit. Il mourra quelques mois plus tard.

Malédiction qui se poursuit... panique des mamans quand l'enfant est fiévreux. Et dans mon esprit d'Européenne, je revois les mamans de France, penchées sur un berceau auprès d'un médecin qui examine, rassure et guérit. Ici, le bébé malade sur le dos, la mobylette, le dispensaire, le médicament qui manque souvent... le *palu* qui cache tant d'autres misères...

Ce matin, au départ de l'école, mes poussins tout frileux se serrent autour de la mère. A midi, au retour, une angoisse que j'aurai du mal à faire disparaître : la mort chez moi, poule, poussins, gisant sur les cailloux de la cour. Raymond, appelé à mon secours : - "*C'est la maladie, ça arrive souvent ici, on va t'enlever ça !*"

Et Koudou, l'enfant un peu simplet de la concession d'en face, se précipite comme un voleur pour emporter la poule morte. - "*Mais, que va-t-il en faire ? - Ne t'inquiète pas, elle passera à la casserole ce soir ! - Mais elle est malade ! - Tu sais, ici, on dit que plus la bête est petite, moins c'est grave. J'en ai mangé, moi aussi, des poules mortes de maladie quand j'étais petit !*" Je reste confondue.

Et pourtant, quand je grimpe à pied le petit raidillon caillouteux qui mène à la colline, mon vélo à la main et mon gros cartable sur le porte-bagages, je retrouve là l'espoir, la vie, l'avenir, les forces vives de ce pays, la preuve éclatante que la volonté et la détermination peuvent triompher. Benebnooma grandit chaque jour, les bâtiments terminés accueillent les ateliers sur la colline. La bâchée et la Super-Goélette n'en finissent pas de transporter machines, livres, médicaments... Benebnooma devient vraiment l'unité dont rêvait Koudbi.

Dans ma classe-paillote, les progrès s'affirment chaque jour. Mes élèves sont vraiment très intéressants. La bibliothèque nous aide beaucoup dans nos travaux de français. Il n'est pas rare de voir un élève traverser la colline à bicyclette, au pic du soleil, le porte-bagage encombré de dictionnaires dont nous nous servons régulièrement et qu'ils adorent consulter. Denis Zongo est toujours présent, suivant avec intérêt le travail de l'école. Nos élèves prennent goût à la lecture, mais les livres d'auteurs africains sont encore trop rares sur les étagères pour pouvoir tous les satisfaire.

La kermesse approche. Je pense à la soirée théâtrale et commence à leur faire apprendre un superbe poème africain, *Souffles* de Birago Diop, afin qu'ils le présentent sous forme de récital poétique avec fond de musique africaine. Ils apprennent ce long texte, avec beaucoup de ténacité, fiers de goûter la poésie de leur continent que je m'efforce de leur faire découvrir.

*

Ce soir, je reviens du jardin, où je suis allée après le cours des moniteurs, prendre un peu de fraîcheur... la chaleur a été particulièrement accablante et quelques nuages sur le couchant calment les dernières ardeurs des rayons impitoyables. A l'ombre du mur de la cantine, sur une des briques de banco qui traîne du dernier chantier, Denis Zongo savoure lui aussi cette légère clémence que le ciel veut bien nous accorder. Je pose mon vélo, et, avisant une deuxième brique, le dos bien calé au mur, nous bavardons tous deux en amis.

J'ai toujours grand plaisir à bavarder avec cet homme dont je goûte la finesse de jugement, l'intelligence, la sagesse et le respect qui émanent de sa personne. Tous deux enseignants retraités appartenant à deux continents pourtant si différents, nos points de vue se rejoignent souvent sur les jeunes dont nous avons eu la charge, l'un et l'autre, de si longues années. Et je sens en lui, ce que j'ai toujours ressenti pour moi-même : la passion pour un métier qui a été notre vie, métier combien difficile ici, dans la surcharge des classes, avec des moyens trop précaires.

- *"Tu vois, Paulette, j'ai beaucoup de plaisir cette année à suivre de près Benebnooma, et à voir tous les jours l'ampleur de la réussite du pari de Koudbi, ce pari qu'il m'avait exposé un jour et pour lequel je l'ai toujours encouragé. J'ai eu la chance de pouvoir le suivre pendant les dernières années de ma carrière, lorsque j'étais détaché à l'Inspection Académique. Je te vois vivre ici, je mesure tout le travail que tu as accompli avec nous, bénévolement. Tu as su braver les préjugés, les mille et un risques de l'inconnu et osé t'aventurer pour tenter une autre expérience, loin de ton confort et de l'affection des tiens. Mais je voudrais, ce soir, te confier quelque chose. L'exemple que tu nous donnes à nous tous, retraités du pays, est extraordinaire. Cette année, Anatole Kaboré a pris, sur ton exemple, la classe de rattrapage du Certificat d'Etudes Primaires. Et si tu es trop fatiguée pour revenir - et je sais que la chaleur et la fatigue t'accablent dans cette fournaise - je suis maintenant prêt à assurer ta relève pour tous ces jeunes qui, chaque année, se sentent abandonnés après ton départ..."*

Je serre très fort la main de Denis alors qu'en moi se mêlent les sentiments les plus contradictoires que je ne puis exprimer sur le moment. Nous nous séparons, très émus tous deux...

La relève ! Et surgissent dans mon esprit des fragments de la charte d'AGIR dont le sens soudain me frappe :
- *"L'intervenant s'applique à bien former ses interlocuteurs locaux afin de les aider, effectivement, à devenir les artisans de*

leurs propres progrès... Les membres d'AGIR n'ont aucun droit sur les bénéficiaires de leurs interventions. Leur qualité de bénévoles ne les autorise nullement à s'approprier celles-ci, même s'ils en ont la responsabilité durant une longue période..."

Je n'ai aucun droit sur ma classe, c'est vrai, Denis Zongo sera parfait, mais qu'il est dur de réaliser brutalement l'arrêt de cette passionnante aventure ! La relève qui s'est faite à mon insu, sans que je ne la recherche et qui me prend de court, ce soir... Benebnooma, ma classe, mes journaux, mes *Lettres*, Koudbi, Tomousso, Nonguebzanga, Soutongnooma, ma famille d'ici, Raymond, tous mes amis, ma nouvelle vie, laisser tout cela sans espoir de retour... cela me paraît impensable.

Et, dans ce fauteuil de bois, sous ce manguier - mes deux refuges - dans ma cour, solitaire en ce moment où j'en ai tant besoin, je laisse couler des larmes que je suis incapable de retenir. Je partage, à ce moment, les déchirements d'Yvon, avant son départ, incapable de quitter cette Afrique qui l'avait pris tout entier...Mes regards sur ce qui m'entoure ont ce soir une tout autre portée, comme une lumineuse soirée d'automne qui sent déjà le froid de l'hiver. Déjà, une autre dimension s'impose à moi : un sentiment de finalité sur toute chose où mon regard se pose, et ma gorge se noue devant les plus petits détails de ce qui a fait ma vie, ici, une vie pourtant si précaire mais que j'avais faite mienne...

J'ai prolongé longtemps, tard dans la nuit, mon repos sous le manguier pour laisser peu à peu se calmer ces émotions trop fortes que je dominais difficilement. Et puis, Margot et Hélène, mes deux jeunes danseuses des Saaba, mes deux compagnes de nuit, sont arrivées, et, nos trois matelas côte à côte sur la terrasse, j'ai contemplé, tous mes sens en éveil, cette nuit, l'intensité extraordinaire de ce ciel des tropiques... La nuit m'a apporté son apaisement.

*

Je suis plus calme ce matin. Je réalise mieux la portée énorme de la proposition de Denis, je sais que, d'ici peu, dans la chaleur qui monte, j'aurai du mal à tenir le rythme et le mot *espoir* s'impose à moi à présent. Espoir pour mes jeunes qui n'appréhenderont plus mon départ comme une fin en soi, espoir pour le pays qui se prend en charge... Je peux, ce matin de jeudi, un peu calmée, rapporter à Koudbi mon entretien avec Denis. Et sa réaction, si franche, si chaleureuse, me fait un bien immense :

- "*C'est fantastique ! Cette relève que tu nous as préparée, sans le vouloir, tout doucement, avec Denis, c'est le plus beau cadeau que tu pouvais nous faire. Tu n'oublieras jamais Benebnooma et Benebnooma ne t'oubliera jamais. Tu seras toujours la grande amie, notre maman à tous que l'on attendra. Grâce à toi, se réalise mon voeu le plus cher, celui auquel je rêvais : que Benebnooma soit totalement, un jour, entre les mains des Burkinabè ! Et cela s'est fait grâce à toi. Je ne t'en remercierai jamais assez. Je comprends ton émotion dans la profondeur de ton attachement à mon projet auquel tu t'es donnée tout entière. On se retrouvera toujours et les Saaba seront notre lien le plus précieux.*" Et il me serre dans ses bras pour me prouver cette amitié impérissable.

Alors, petit à petit, cette relève s'est préparée, dans mon calme retrouvé, avec méthode, et Denis s'est associé à moi pour une préparation en douceur de ses nouvelles charges.

Ma classe... la plus dure transition à réaliser. Nous travaillons dans un tel climat d'entente et de confiance réciproque que j'hésite longtemps avant de leur annoncer mon départ... définitif cette fois... et la relève... Puis bravement, un mercredi matin, avec mes trois groupes réunis, j'ai parlé... Africains égaux à eux-mêmes, aucune exclamation immédiate, l'habitude d'événements qui s'imposent à eux, un fatalisme qu'ils subissent inconsciemment dès leur jeune âge... puis, tout à coup, quelques regards durs, hostiles presque, une réaction que je n'attendais pas et à laquelle il a fallu faire face. Claquement sec d'un livre sur la table : - "*Mais, Paulette, c'est vous qui nous apprenez le vrai français ! - Moi, je ne reviendrai plus à Benebnooma ! - Moi non plus, on était trop bien avec vous...*"

Des silences qui en disent long, des yeux embués de larmes, des regards infiniment tristes... Vont-ils me faire perdre un calme que j'ai eu tant de mal à rétablir en moi ?

Alors, face à cette trentaine de jeunes Africains, bientôt

tous adultes, c'est moi qui leur ai parlé de leur pays, de leur pays qui se prend en charge, de la fierté qu'ils doivent avoir à l'égard de Benebnooma, tout entier entre les mains de leurs frères de couleur, de la confiance totale qu'ils doivent accorder à Denis, comme ils me l'ont accordée à moi-même. Denis qu'ils connaissent déjà, qui les guide à la bibliothèque, qui a été un maître de valeur, d'une valeur égale à la mienne... Je leur ai parlé de mon chagrin à moi à l'idée de les quitter aussi, du mal qu'ils auraient tous, peut-être un jour, comme moi, à tourner une page dans leur vie... et qu'ils devront savoir tourner eux aussi, courageusement, pour le bien de toute une communauté...

Ils m'ont tous écoutée dans un grand silence, le visage grave... Et le cours s'est déroulé, un peu tendu peut-être, mais avec l'application et le sérieux habituels.

Tous les jours, je retrouverai mes élèves, on ne parlera plus de départ, on travaillera ensemble, jusqu'au bout, comme si cela devait durer toujours...

La kermesse approche avec ses préparatifs, son activité débordante, un intérêt toujours aussi soutenu. Denis se mêle à tout, tient un stand de jeux de questions et réponses, fait partie avec moi du jury de la course cycliste, inaugurée cette année en prélude à la kermesse avec les moniteurs et les gens du village. Une réussite... La soirée théâtrale est repoussée à plus tard et je l'apprécie. Dans mon activité débordante, il m'était impossible de mettre sur pied ce récital poétique dont ils connaissent à présent le texte par coeur.

Une activité débordante en cette période, où, aux préparatifs de la kermesse, se joint l'attente fiévreuse de cinq camions partis, pour nous, d'un petit village des Charentes, Villebois-la-Valette, à travers le Sahara. Un retard important sur l'horaire prévu... et ils débarquent sur la colline en pleine fièvre d'une veille de kermesse ! Ils auront droit quand même à l'accueil que Benebnooma et les Saaba savent réserver à tous ceux qui lui font l'amitié d'une aide spontanée.

Grande activité aussi sous la paillote où résonnent tous les soirs tam-tams, sifflets, percussions et chants, où l'on confectionne les masques... entraînement intensif pour le festival de danses africaines qui a lieu cette année à Bobo-

Dioulasso, et les tournées à l'étranger : Italie et Ecosse.

Je termine mon dernier journal, le numéro sept, avec mes élèves, chez moi, avec Denis venu s'intégrer à nos travaux. La date de mon départ approche : elle a été arrêtée, posément, sans précipitation, calculée le mieux possible dans l'intérêt de tous. Il n'est pas question que je subisse à nouveau les affres de la chaleur d'avril, étant donné que Denis terminera l'année scolaire après mon départ. Je suivrai la tournée des Saaba en Ecosse en avril, la date du 18 mars est retenue.

J'emporterai en France ce journal numéro sept comme un bien très précieux. Je rédige aussi ma dernière *Lettre de Benebnooma*, mais je ne l'emporterai pas, Denis désire la compléter après mon départ. Je la recevrai plus tard, chez moi... avec des pages qui m'iront droit au coeur.

*

Dix-sept mars. Journée d'activité intense... c'est bon, cela calme l'émotion que je retrouve au fur et à mesure que les heures s'écoulent... Le matin, compte rendu des activités de la kermesse en présence du personnel et de tous les moniteurs. Je suis la secrétaire de la réunion, comme à l'accoutumée.

Puis un grand *repas de famille* avec tous mes élèves, les moniteurs, Raymond, Denis, Koudbi, Anatole... tous, autour de grandes marmites de riz au gras que les monitrices ont préparées...

Dix-neuf heures. Le rendez-vous que j'appréhende à la paillote, il faut tenir le coup ! Mon départ, le dernier, cette fois... Une soirée d'émotion intense de part et d'autre, la cour de la paillote pleine, tout le village réuni sur les bancs de bois autour du *camarade-fondateur*, Tomousso, Raymond, Denis et Benebnooma au complet... Discours des vieux, des parents d'élèves, de mes élèves, de la couture, des moniteurs... Je les ai tous écoutés, j'ai reçu tous leurs présents, la gorge trop serrée le plus souvent pour leur répondre, touchants de reconnaissance exprimée si haut et si fort... Et puis Raymond, Denis, des paroles inoubliables, des souvenirs précieux qui se pressent au fond de mon coeur.

- *"Quand on est vieux, dit-on, en Afrique, on se réchauffe avec le bois qu'on a ramassé pendant la jeunesse. Et nous pensons que tu as ramassé assez de bon bois pour ne pas mourir de froid..."*

- *"... Tu es avec Koudbi et Raymond, la troisième âme vivante de Benebnooma..."*

Puis Koudbi, à qui on a laissé la dernière grande surprise à m'annoncer : - *"Paulette, demain soir je ne t'accompagnerai pas à l'aéroport, pas plus que Raymond. Tes élèves, avec Denis Zongo, tiennent à t'accompagner. Jean, un instituteur que tu connais bien, mais étranger à Benebnooma, prendra le volant. Tes élèves, seuls avec Denis, veulent faire la route avec toi, le plus loin possible. Ils veulent te prouver aussi combien ils ont compris le message que tu leur as transmis en classe, lors de l'annonce de ton départ. C'est à lui à présent qu'ils accordent leur confiance. Le choix de la délégation a été difficile, comme tu peux le penser, mais ils ont agi en responsables. Je félicite ces jeunes pour la maturité d'esprit dont ils ont fait preuve et remercie Denis qui a su les comprendre..."*

L'émotion me noue la gorge... mes élèves... si discrets, sans bruit, sans agitation... une réponse à mon message, mûrie, pensée, réfléchie, pesée... elle est superbe, cette réponse et je ne sais si les paroles que j'ai prononcées au plus fort de mon trouble ont été à la hauteur de leur message à eux, mais je sais que des applaudissements y ont succédé...

Je n'avais pas encore touché le fond de l'émotion. Alors que je revenais m'asseoir au milieu de tous ces visages amis, souriants, réconfortants, qui me soutenaient tous de leur amitié sans faille, la troupe Saaba se mettait en place au fond de la paillote. Maurice est apparu, Maurice, mon élève-artiste en batik, passionné du journal, Maurice que tout le monde aime bien, un peu le leader du groupe.. Il a annoncé en me regardant droit dans les yeux : *"Le groupe des élèves de la Dactylo et la troupe Saaba vont vous présenter un récital poétique et musical sur les paroles du poète africain Birago Diop : "Souffles..."*

Souffles, le poème que je leur ai fait apprendre, qu'ils m'ont écrit par coeur, chacun sur sa feuille, que nous devions réaliser ensemble... Ils l'ont travaillé sans moi, dans le plus grand secret, je n'en ai rien su, c'est la surprise la plus totale, la plus belle qu'ils puissent me faire. Maurice, le récitant de talent, Awa, la belle Awa, en mère éplorée, un mime superbe, un texte si beau :

> " *Ecoute plus souvent*
> *Les choses que les êtres*
> *La voix du feu s'entend...*
>
> *Ecoute dans le vent*
> *Le buisson en sanglots*
> *C'est le souffle des ancêtres*
>
> *Ils sont dans l'arbre qui frémit*
> *Ils sont dans le bois qui gémit*
> *Ils sont dans l'eau qui coule*
> *Ils sont dans l'eau qui dort*
> *Ils sont dans la case, ils sont dans la foule :*
>
> *Les morts ne sont pas morts.* "

Philosophie animiste que j'ai découverte, vécue au fil des ans dans les cérémonies des funérailles et que je retrouve ce soir, dans les superbes résonances de la poésie de Birago Diop.

Mes élèves d'Afrique... je dis souvent que vous m'avez peut-être donné les plus belles satisfactions de ma carrière. Je pense que cette dernière surprise était la plus profonde, la plus intense parce que vous l'avez conçue pour moi seule, dans le secret de vos coeurs, faisant revivre à mon intention la puissance des croyances de vos ancêtres. C'est la plus noble.

Et puis, l'Afrique a repris le dessus. On ne peut se séparer sans danser, la piste a vite été envahie, les Saaba ont donné toute leur puissance, et j'ai dansé avec tous, Awa, Laurentine, Pauline, Ebou, Maurice, Karim, Appo, Babou, Lazare, Sylvie, Maria... refoulant nos larmes, avec le sourire... Raymond, Koudbi, Tomousso, Denis, les moniteurs... tous pour moi, dans une soirée inoubliable que j'ai reçue comme un magnifique cadeau !

*

Est arrivé le jour du départ... Mais je laisse la parole à Denis qui a si bien su le raconter dans la *Lettre de Benebnooma*, complétée après mon départ.

- "*Paulette est toute à l'émotion. Est-ce la crainte de rentrer ? Certes, non, c'est plutôt ce qu'elle laisse, une partie d'elle-même, la deuxième Paulette Douce née du contact avec Benebnooma, cette Paulette-là ne peut se résigner à partir. C'est dur, hein ? Mais l'autre, la vraie, celle de chair et d'os, entourée et accompagnée par Denis Zongo, ses élèves, Fati, Karim, Awa, Ebou, Moussa, Ousmane... elle, dis-je, se décide... Le groupe quitte Koudougou vers vingt heures dans la bâchée de l'école, direction Ouagadougou... L'aéroport international... serrement de coeur, embrassades, échange de poignées de mains, l'émotion reprend le dessus mais chacun fait tout, qui pour se donner une contenance, qui pour retenir une larme, c'est dur...!*

Paulette est maintenant dans les rangs, c'est la vérification des bagages, les formalités, l'enregistrement, elle est déjà de l'autre côté. A travers les vitres qui nous séparent, on se cherche, on se voit, les mains s'agitent, on va, on vient, on revient, on cherche à la voir pour la énième fois, mais l'heure approche, inexorable, et aussi, il y a le travail du matin... alors, il faut partir... Bonne traversée, Paulette ! "

Et toujours, l'anonymat du retour, ces retours, seule, que j'appréhende toujours... L'amitié, la vraie, la grande, que je laisse derrière une barrière, une minuscule goutte d'eau dans l'océan de civilisation qui me submerge, de l'autre côté...

Qui peut savoir, dans ce train qui me ramène vers Bordeaux où je redécouvre à travers les vitres, l'autre face du monde, dans l'extraordinaire luxuriance d'un printemps français, que je viens de laisser la poussière implacable, les feuilles qui ont oublié ce vert qui explose dans toutes les gammes ici... qui peut deviner que des sanglots montent à ma gorge devant cette beauté qui s'étale insolemment à mes yeux... qui peut comprendre qu'un fabuleux kaléidoscope remplace ma vision normale : tracteur dans un champ... précaires dabas d'Afrique, fleuve majestueux que je longe... et marigots vaseux, vaches lourdes dans un pré vert... et zébus efflanqués dans la poussière... tout cela se mêle et se superpose à l'envi... Qui saura que mes pensées s'envolent vers tous ces jeunes qui ont assumé mon départ avec tant de dignité. Tout en moi n'est qu'émotion et larmes que je contiens à grand-peine... Il fallait que je m'efface, j'ai rassemblé moi aussi tout mon courage, pour être digne d'eux... ce train n'en finira donc pas, j'ai besoin de laisser éclater mon chagrin, ça ira mieux après... Je sais pourtant qu'il n'éclatera que ce soir, dans les draps frais d'un lit européen... Je devrai encore supporter la plongée brutale dans l'indécence de ce confort que j'ai oublié, et la banalité des conversations aux antipodes de celles que je voudrais avoir...

Heureusement, dans mes oreilles résonne encore cette dernière phrase que Koudbi m'a lancée très fort, Soutongnooma blotti dans ses bras, dans le ronflement du moteur, devant le portail bleu de la maison au manguier où ma classe entière et tout Benebnooma se pressaient à mon départ : - "*Courage, Paulette, on se retrouvera bientôt avec les Saaba à Glasgow, en Ecosse...*"

L'Ecosse, mes enfants, les Saaba, l'inauguration... de beaux moments à vivre encore...

Têeb la viim - Une lumière brille toujours dans la vie, malgré tout.

*

* *

Une belle tradition qui s'installe à BENEBNOOMA

Au départ de chaque ami on lui fait planter un arbre, c'est ainsi que sur le jardin de l'école, on trouve : le Baobab d'Yvan, le papayer de Philippe, le manguier de Bernard, celui de Lulu...

A quand les flamboyants de Paulette ?

EPILOGUE

Benebnooma est à présent totalement entre les mains des Burkinabè, Koudbi a su s'exprimer dans ses remerciements à AGIR: "*Nous aimons travailler à présent avec ceux ou celles qui nous aideront à nous passer de leur aide, un jour...*"

Koudbi peut voir loin à présent, en France, en Europe, en Amérique Latine, au Canada... véritable ambassadeur de sa culture, de son projet, preuve vivante d'une fierté tout à l'honneur de l'Afrique, capable de créer grand, sans tendre la main.

A l'origine d'une immense chaîne de solidarité sans frontières qu'il a suscitée par son seul charisme et une volonté constante de gagner un pari qu'il s'était juré de tenir. Créer, parce que c'est sa nature profonde, créer sans chercher à léser les autres...

Il peut voir loin à présent, il a sur place des collaborateurs exemplaires qu'il a su choisir, patiemment, avec un sens inné de la découverte des autres. Il a su retrouver ceux à qui, dès son jeune âge, il avait accordé toute sa confiance, et qui lui accordent, aujourd'hui, totalement la leur.

Raymond Sow, ce compagnon Frère enseignant des Ecoles Chrétiennes, leur jeunesse à Bobo-Dioulasso ! Raymond qui a gardé peut-être une profonde spiritualité mais qui applique, comme une règle absolue, le sens donné à l'expression "*Benebnooma, milieu ouvert*", Benebnooma où voisinent harmonieusement catholiques, animistes, protestants, musulmans... Raymond, la deuxième tête du centre, qui dirige avec compétence et conscience, faisant face à tout, avec la même égalité d'humeur, la même patience, la même attention accordée à chacun. Superbe leçon de savoir-vivre et de respect des autres.

Denis Zongo, l'instituteur de Koudbi qui avait su déceler ses qualités de chef. Il est fier de participer à l'oeuvre de cet élève qu'il n'avait jamais perdu de vue. Denis Zongo qui laisse transparaître sa fierté d'homme libre et indépendant, Denis qui pense que la pitié est dégradante, que l'Africain est capable de se construire son propre bonheur, Denis qui aime le sucre mais n'en mange pas, sucre et esclavage restant liés à jamais dans sa tête. Denis, une confiance bien placée, une intelligence de l'esprit et du coeur, une responsabilité pédagogique solide, un grand respect de tous pour sa sagesse et son expérience... précieux soutien de Raymond pour prendre des décisions en l'absence de Koudbi.

Denis Bationo, autre jeune retraité du pays qui assure avec brio, esprit et compétence la classe de rattrapage du Certificat d'Études Primaires pour les jeunes et les adultes, à la suite d'Anatole Kaboré. Cent pour cent de réussites l'an passé ! Un humour constant et une extraordinaire connaissance de notre littérature française, une passion pour Corneille.

Tomousso, le pari de Koudbi sur sa vie... Tomousso ne se cherche plus. Elle a abandonné pour le moment, son mémoire d'anglais et partage avec tous, les responsabilités de Benebnooma. Efficace, écoutée, son sens inné de l'autorité prévaut quelques fois heureusement dans certaines situations difficiles. Elle vient d'accomplir un stage d'informatique en France, et dirige à présent l'atelier d'informatique de Benebnooma, les premiers ordinateurs ayant fait leur apparition.

Yvon poursuit en France son rêve d'Afrique... *ses enfants* des tropiques partagent aujourd'hui *La Ruette*, sa petite maison poitevine, loin des bruits de la ville, où, en toute quiétude, ils peuvent donner libre cours à leurs danses et leurs rythmes. Ils vont en classe, apprennent un métier, trouvent leur place dans la société. Ils poursuivent aussi ce rêve communautaire qu'Yvon n'a pas voulu briser. Il rêvait pour les enfants d'Afrique d'un bonheur égal pour tous, il a dû faire un choix... A leur tour, ils se veulent ambassadeurs d'une solidarité universelle. Ils ont créé une association baptisée *Koom Baala* - l'eau d'abord - qui leur permet de préparer des spectacles scolaires avec des enseignants français. Par leur travail, se nouera entre Blancs et Noirs mêlés une vie riche de culture et d'échanges.

A Benebnooma, tous les ateliers sont encadrés par des moniteurs compétents, formés plusieurs mois en France grâce à des amis de la grande chaîne solidaire, dans leur spécialité respective.

Je suis revenue à Benebnooma sur la colline même, pour son inauguration officielle, le vingt-huit février 1992, en présence des autorités du pays, de la province du Bulkiemdé et de la ville. Arrivée deux mois à l'avance, sur leur demande, j'ai pris un vif plaisir à les aider dans la préparation de cette journée de célébration...Un Benebnooma enfin clôturé qui attend ses futurs arbres...

Alors que j'écrivais l'adresse sur une des enveloppes d'invitation à la cérémonie - *"Collège des Frères de la Salle, Ouagadougou"* - Koudbi a laissé échapper cette réflexion qui traduisait un ressentiment, enfoui dans son coeur : - *"Tu vois ce projet si "chouette"... jamais les Pères blancs de la Mission ne sont venus le voir... Si c'était François-Xavier qui l'avait fait, ils seraient venus... mais c'est Koudbi, alors... Mais cela ne fait rien, c'est ma fierté et la fierté des Laïques..."*

Cette fierté, il la ressentait très fort, le grand jour, à la place d'honneur, entre le ministre de la Culture et le Haut Commissaire. Mais en parfait Africain, rien ne transparaissait sur son visage et il offrait à tous un sérieux et une concentration exemplaires.

Et pourtant, Koudbi tellement ouvert sur le monde, dans toutes les directions, côtoyant tant de races et de cultures différentes, tu resteras toujours l'enfant de l'Afrique, imprégné de toutes ses traditions, de toutes ses croyances. Ne m'as-tu pas dit, lors de mon dernier séjour, alors que je m'étonnais devant la petite forge, dont la charpente pendait lamentablement : - *"La forge démolie ?... Mais non, c'est parce qu'elle n'a plus d'énergie, elle a besoin de purification. Elle meurt et renaît de ses cendres tous les vingt ans à peu près... Mais il faut attendre la pleine lune pour la reconstruire..."*

Koudbi, l'Africain de souche, qui retrouve ses racines avec un bonheur inégalé au retour de chaque tournée en Europe, disant à un frère de couleur qui a préféré consacrer à la France le fruit de son savoir : - *"Vous vieillirez, et je suis sûr que vous désirerez alors retourner dans votre pays, car c'est la terre de vos ancêtres qui doit vous accueillir..."*

Koudbi et l'Abbé Pierre, deux amis qui se sont rencontrés grâce à Emmaüs, deux générosités qui se comprennent, deux hommes libres qui se penchent avec bonheur sur les plus démunis...

*

Avant de terminer ce livre, je voudrais vous dire que je viens de recevoir, en ce moi de juin 1993, le *Journal de Benebnooma* après l'inauguration, tout droit sorti de l'imprimerie de l'école. Il est plein de fantaisie, de dessins humoristiques qui me rappellent avec émotion son époque première...Sans vouloir lasser le lecteur, je voudrais qu'il sache que j'y ai trouvé des perspectives d'avenir pleines de promesses : à côté du démarrage d'une classe de rattrapage du Brevet Elémentaire à la prochaine rentrée, de la création d'une radio libre, d'un projet d'édition, je peux lire cette phrase :

"*Prospection en vue de l'ouverture d'un centre type Benebnooma dans une autre région du Burkina-Faso...*"

La graine a bien porté ses fruits...

*

*   *

Postface d'Alimata Salambéré

C'est avec une certaine curiosité que j'ai abordé la lecture de cet ouvrage au titre si évocateur. Le contenu m'a séduite ; il me semble destiné à ceux qui ne connaissent l'Afrique, et particulièrement le Burkina Faso, que de manière superficielle. Son rôle éducatif me paraît fondamental tant l'auteur, après avoir assimilé cette culture, a su restituer les valeurs, la solidité, la profondeur des coutumes de ce peuple pauvre mais solidaire, fier et plein de dignité.

Paulette Douce, à l'instar de son héros, Koudbi, qui s'est adapté à la culture occidentale, a su observer avec pertinence la vie quotidienne de cette famille humble et respectée. Je trouve une sorte de parallèle entre Koudbi qui à travers les Coeurs Vaillants a pénétré la culture du Blanc, et l'auteur qui à travers l'Association des retraités a pu s'initier à la vie mossi, dans ses détails, riche de ses immenses ressources culturelles.

Je recommande chaleureusement cet ouvrage à la lecture de tous ceux qui s'intéressent à la culture africaine et mossi en particulier. On y découvre l'expression profonde de la solidarité et les charmes des relations humaines symbolisées par les structures sociales du village de Koudbi. *Benebnooma !*

Merci Paulette d'avoir essayé de comprendre et de vouloir partager.

Directrice générale
Culture et Communication, ACCT
Ancien Ministre de la Culture, Burkina Faso

TABLE DES MATIÈRES

- *Préface de Jack Lang* 7
- **Introduction** 9
- **Benebnooma** 17
- **Koudbi... dit François-Xavier** 59
- **Où l'on retrouve Benebnooma** 87
- *Epilogue* 193
- *Postface d'Alimata Salambéré* 197

L'Harmattan

SEYDOU CISSÉ
L'ENSEIGNEMENT ISLAMIQUE
en *Afrique Noire*

Pour généraliser l'éducation de base en Afrique Noire francophone, il faut évidemment compter avec l'enseignement musulman. Or, autour de celui-ci règne un grand silence, alors que son alter ego, l'enseignement «français», lui, bénéficie de nombreuses études descriptives ou critiques. Jusqu'aux islamologues qui l'ont négligé dans leurs écrits — il est vrai que la communauté négro-africaine fait figure de parent pauvre au sein du monde islamique (l'*Umma*).

Le système éducatif musulman est étudié ici dans un contexte malien tant historique que pédagogique. Sa philosophie est examinée à travers la pensée des grands hommes saints de l'islam africain dont A. Hampaté Bâ qui répond à des questions de base. On y décrit ses différents «niveaux», depuis la famille, et l'école coranique jusqu'à la médersa et au-delà. Sont posées des questions pertinentes:

— Cet enseignement vise-t-il à arabiser les élèves à travers la langue et la religion?

— Veut-il seulement transmettre une doctrine religieuse?

— Conduit-il à une expérience spirituelle individuelle (*tarbiyya*)?

En fait, quelle est la spécificité de ce qu'on a désigné comme «*l'Islam Noir*»? A quels mécanismes de formation fait-il appel? Quelle est sa portée réelle dans le monde moderne africain tant rural qu'urbain? Quelles alternatives pour dynamiser l'enseignement et lui faire aborder avec succès le 21e siècle?

Seydou CISSE est Malien. Docteur d'Etat ès lettres et sciences humaines de Strasbourg. Il travaille à la Direction nationale de l'Alphabétisation fonctionnelle et de Linguistique appliquée (DNAFLA) de Bamako.

ALBERT ANTONIOLI
LE DROIT D'APPRENDRE
Une école pour tous en Afrique

Préface de HENRI DESROCHE

Héritier d'une dette sensiblement égale à son produit national brut annuel, possédant un taux de scolarisation parmi les plus faibles du monde, le Mali doit affronter le défi majeur de cette fin de XXe siècle : scolariser ses enfants massivement et sans ressources financières.

Dans ce contexte naît l'école dite "de base" : un groupe d'enseignants au chômage s'entend avec une communauté urbaine ou rurale pour ouvrir une école - l'Etat formant les enseignants et contrôlant les programmes. Intermédiaire entre secteur public et secteur privé, la formule offre une éducation de qualité. Le mouvement des écoles de base aura scolarisé au Mali 10 000 enfants en moins de trois années hors budget de l'Etat.

Adaptée aux faibles moyens économiques des familles et des pays africains, la méthode peut s'étendre à d'autres nations pour éradiquer l'analphabétisme. Dans un continent où les enfants représentent plus de 50 % de la population, cette institution favorise l'ouverture au monde d'une jeunesse aujourd'hui majoritairement déscolarisée. Révolution tranquille, l'école de base peut renforcer l'intégration nationale et casser la marginalisation des pays d'Afrique.

Albert ANTONIOLI, Docteur en Sciences de l'Education, a passé onze années au Mali où il était affecté à l'Ecole Normale Supérieure, à Bamako.

TSHIALA LAY

SAUVER L'ÉCOLE
Stratégies éducatives dans le Zaïre rural

Préface de Pierre ERNY

Au Zaïre, à partir de la crise politique de 1963-65, ni l'Etat post-colonial ni les Eglises n'ont pu assurer une politique scolaire couvrant la totalité du pays. Dans la plupart des régions rurales, familles et autorités villageoises ont été forcées de s'impliquer directement dans la création et la gestion d'écoles primaires et secondaires.

Ces *écoles des parents* ont dû affronter de multiples difficultés matérielles et politiques: manque de moyens financiers, rivalités de pouvoir, mauvaise gestion... Mais la plupart ont répondu aux fortes demandes des populations déterminées à donner une chance de promotion à leurs enfants et à leur communauté.

Tant que le capital scolaire a été monnayable, ce fut possible. Ensuite, le trop-plein de diplômés et la rareté des débouchés ont dévalorisé tout ce qui avait porté le Savoir aux nues! Le travail manuel a supplanté le travail intellectuel. Les filles se sont à nouveau dirigées vers le mariage précoce...

L'auteur a effectué des enquêtes de terrain parmi une population dont il est lui-même issu. Son étude révèle l'incroyable vitalité qui anime des populations depuis longtemps marginalisées. Le recours aux liens claniques, au clientélisme politique... affirment l'inventivité et le dynamisme nécessaires à la résolution de problèmes *modernes* en milieu *traditionnel*.

ZAÏRE - Histoire & Société
L'Harmattan
Institut Africain (Bruxelles)
Hors-texte photos 8 p.

TSHIALA Lay est né en 1956 dans la région du Sedzo (Bandundu, Zaïre). Enseignant et chercheur à l'Université Nationale du Zaïre (UNAZA). Prépare en Suisse un doctorat d'ethnologie et un diplôme des sciences de l'éducation. A publié des études dans des revues spécialisées.

ISBN : 2-7384 - 1758-2

Hilaire SIKOUNMO

JEUNESSE ET ÉDUCATION EN AFRIQUE NOIRE

Préface de Pierre ERNY

L'un des domaines les moins élucidés concernant l'éducation en Afrique Noire, c'est l'opinion qu'en ont les premiers concernés : *les jeunes*. Que pensent-ils de leur formation, de leur encadrement tant parental que scolaire ? Le duo "Jeunesse/Éducation" signifie-t-il un rapport conflictuel, un dressage incontournable pour une socialisation "réussie" ? Ou plutôt constitue-t-il une collaboration féconde et dynamique entre apprenants et enseignants, entre jeunes et adultes ? Des possibilités sont-elles ouvertes pour que l'éducation contribue favorablement au modelage de futurs citoyens responsables et concernés par le sort national commun ?

A partir des réponses d'élèves et étudiants camerounais, l'auteur éclaire les grands maux psychologiques et socio-politiques qui assaillent l'École africaine. Il souligne la grande misère et la marginalisation d'une jeunesse sacrifiée par un système éducatif aliénant et inopérant.

Puisant dans sa riche expérience de professeur, il définit les étapes indispensables que l'Afrique doit franchir si elle veut se réapproprier sa jeunesse et du coup retrouver une dynamique de vie.

Hilaire SIKOUNMO est enseignant du secondaire au Cameroun. Ses idées critiques ne lui ont pas favorisé une "belle carrière", mais il s'y tient plus que jamais !

Autre ouvrage, même éditeur :
L'école du sous-développement - Gros plan sur l'enseignement secondaire en Afrique (1992)

L'HARMATTAN
BURKINA-FASO

Auteur	Titre	Prix
BAMOUNI Paulin Babou	*Burkina Faso - Processus de la révolution*, 190p	105 F
CONOMBO Joseph Issofou	*M'Ba Tinga. Tradition des Mosse dans l'empire du Moogo Naba* (Coll. Mémoires Africaines), 190p	105 F
CONOMBO Joseph Issofou	*Souvenir de guerre d'un tirailleur sénégalais* (Coll. Mémoires Africaines), 200p	110 F
CROS Michèle	*Anthropologie du sang en Afrique*, Préface Jean Bernard. (Coll. Connaissance des Hommes), 297p	180 F
DACHER Michèle	*Prix des épouses, valeur des soeurs. Suivi de «Les représentations de la maladie»*, 1992, 203p	110 F
DE ROUVILLE C.	*Organisation sociale des Lobi* (Coll. Connaissance des Hommes), 260p	160 F
DENIEL R. & BAUDOUIN	*L'Islam en Haute-Volta à l'époque coloniale*, 130p	85 F
DIALLO Boubar	*Le totem. Recueil de contes du Burkina-Faso*. (Coll. La Légende des Mondes), 1993, 159p	80 F
DUVAL, Maurice	*Un totalitarisme sans Etat. Essai d'anthropologie politique à partir d'un village burkinabé*, 184p	125 F
ENGELBERT P	*La révolution burkinabé* (Coll. Points de Vue), 270p	145 F
ETIENNE-NUGUE J.	*Artisanats traditionnels en Haute-Volta*, T.1. Livre photos noir et blanc (21*27), 216p	210 F
FAINZANG Sylvie	*L'intérieur des choses - Maladie, divination et reproduction sociale chez les Bissa du Burkina* (Coll. Connais. Hommes), 205p	110 F
GAKUNZI David	*Thomas Sankara. «Oser inventer l'avenir». La parole de Sankara*, 1991, 290p	155 F
GUIGNARD Erik	*Faits et modèles de parenté chez les Touareg Udalen de Haute-Volta*, 255p	165 F
JAFFRE Bruno	*Burkina Faso - Les années sankara - De la révolution à la rectification*, 336p	170 F
KABORE Oger	*Les oiseaux s'ébattent. Chansons au Burkina-Faso*. Préface de G.Calame-Griaule, 1993, 246p	150 F
KAMBOU-FERRAND J.M	*Peuples voltaïques et conquête coloniale 1885-1914*. Préface de J.Ki-Zerbo, 1993, 458p	260 F
LEDEA OUEDRAOGO B.	*Entraide villageoise et développement - Groupements paysans au Burkina Faso*, 177p	95 F
OUEDRAOGO J.B.	*Formation de la classe ouvrière en Afrique Noire - L'exemple du Burkina Faso* (Coll. Logiques sociales), 210p	120 F
SOME P-A.& BOUYGUES C.	*Proverbes Dagara. Dagara proverbs*, 1992, 132p	85 F
SOME Penou-Achille	*Signifiant et société. Le cas du Dagara du Burkina Faso*, 1992, 270p	150 F
SOME Penou-Achille	*Systématique du signifiant en Dagara - variété Wulé*, 504p	260 F
SOME Valère D.	*Thomas Sankara. L'espoir assassiné*, 232p	125 F
TARRAB G. / COENNE Ch.	*Femmes et pouvoir au Burkina Faso*, 125p	75 F
VAN DIJIK Pieter	*Burkina Faso - Le secteur informel de Ouagadougou* (Coll. Villes et Entreprises), 200p	130 F
ZIMMER Wolfgang	*Répertoire du théâtre burkinabé*, 1992, 139p	80 F

599268 - Mars 2015
Achevé d'imprimer par